PineScriptだから 自由自在の「高機能」チャート分析

一歩先行く「トレーディングビュー」の活用法

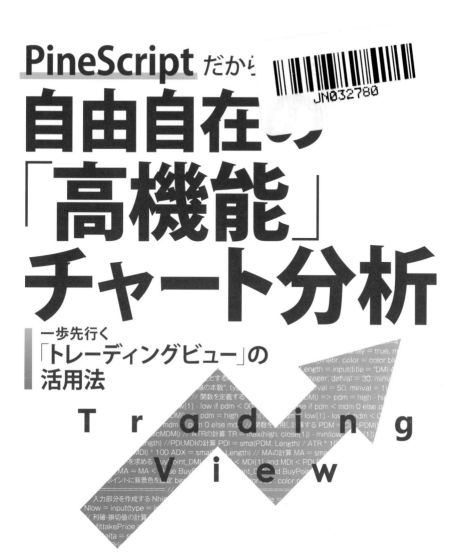

Trading View

著 尾﨑 彰彦

Pan Rolling

はじめに

　投資・トレードにおいて、今では当たり前の単語になったテクニカル分析。そのテクニカル分析を「正確」かつ「速く」行うための最短の近道は、既存のツールを上手に活用していくことです。その点、「TradingView」であればインターネットさえつながっていれば、誰でも、どこでもすぐに使用することが可能です。

　TradingViewはトレーディングビュー株式会社によって開発された、個別株やFX、オプション、仮想通貨など幅広い市場をカバーするチャートツールです。ブラウザ上で動作するため、専用のソフトウェアをインストールする必要はありません。サイトにアクセス（https://jp.tradingview.com）するだけで、上場している企業の株価チャートなどを無料で扱えるので、ネットでたまたま気になるニュースを見かけたときに、すぐにTradingViewにつなげば、いち早く株価動向を確認でき、投資チャンスを広げられるのです。

　また、アラート機能もあるので、スマートフォンにアプリをインストールすれば移動中でも通知を受け取ることができます。基本利用なら無料なので、まだ利用したことがない方はぜひ、この機会に試してみてください。

　そして、TradingView上で書くプログラミング言語を「PineScript（パインスクリプト）」といい、本書の根幹になります。この「PineScript」のコードを書けるようになれば、TradingViewでいつでも簡単に、自分なりのチャート分析ができるのです。

　「RSI30に達したからチャンスだ」「ゴールデンクロス通りに買っていこう」「一目均衡表を環境認識に使おう」といったことを考えたときに、目視と手作業でチャートを見ながら一つひとつ当てはまっているかを確認すると膨大な時間がかかり、しかも間違いを生じかねませ

ん。

　例えば日経225銘柄すべてを手作業で分析するとなると、途方もない時間がかかってしまうでしょう。ところがPineScriptのコードを書けば、自分でサインを出すことができます。さらにバックテストを取れば、過去の実績を一瞬で知ることができるのです。メモを取りながら確かめる必要もありません。

　本やインターネットに出ているテクニカル分析が、実際に利益を出していたかどうかを分析することもできるのです。

　著者はPineScriptでオリジナルルールのストラテジーを作成し、週足や月足が更新される度にチェックしています。エントリーサインが出たら吹き出しが出るので一目でわかります。こうすることによってエントリーサインを見逃す心配がなくなりました。

　本書に興味を持ち、手に取ってくださった皆さんは株式投資やFXなど何らかの投資・トレードのご経験者かと思います。そこで本書では、株式投資の入門編的な内容は省き、TradingViewでのプログラミングのみならず投資プログラム自体が未経験の方を対象に、誰でもできるようにわかりやすい解説を目指していきます。

●本書の目的

　私が初めてTradingViewのPineScriptに触れた当時は日本語版のリファレンスマニュアルもなく、SNSなどでも今ほど話題になっておらず、日本語の情報はほぼありませんでした。翻訳サイトや英単語検索等で調べながらオリジナルインジケーターを作成するのは骨が折れる作業でした。

　TradingViewでスクリプトを書いてみたいなと思った方の中には、ご覧いただいたことがあるかもしれませんが、私は2019年からウェブサイト「**超入門 TradingView PineScript**」（https://tradingview.blog.fc2. com）を運営しています。自分が集めた英語ベースの断片的な知識を

集約させて共有したかったからです。

　現在は日本語版のリファレンスマニュアルも整備され、SNSでもさまざまな方が情報発信しています。しかし、PineScriptの作成方法からインジケーターやストラテジーの作成方法を体系的にまとめている解説は多くありません。特に、プログラム未経験の方にとっては、断片的な情報を集めてプログラムを作成するのは大変です。

　そこで、私のサイト「超入門 TradingView PineScript」（https://tradingview.blog.fc2.com）でこれまでいただいた質問などを踏まえて、本書ではプログラム未経験の方にも、PineScriptでインジケーターやストラテジーを作れるようになることを目標とし、PineScript Version4の情報をまとめました。

　なぜ、Version4とお伝えするかというと、PineScriptは言語のアップデートが速く、次々に新機能が追加されていくからです。本書執筆中にも追加された機能などがあります。その一部も紹介しているので、PineScript経験者にとっても、知らない関数や機能など新たな発見があるかと思います。

　未経験の方にとってもPineScriptのコードを書くことがそれほど難しくならないように努めました。初めて見ると、英数字ばかりでわからないと思うかもしれませんが、1行1行はとても簡単です。

　まず、本書のサンプルコードをそのまま書いてみてください。ただ読むだけでは理解できないかもしれませんが、実際にコードを書いてみると内容が頭に入ってきます。やる気さえあれば、誰でもマスターできるプログラミング言語なのです。

●本書の構成

　第1章では基礎の基礎として、TradingViewやPineScriptの概要について簡単に紹介します。プログラミング未経験の方は必ず読んでください。

第2章ではTradingViewの会員登録方法と、プログラムの基礎について解説します。プログラミング未経験の方は第2章を読んだ段階ですべてを理解する必要はありません。

　第3章から実際にプログラムを作成します。第3章では移動平均線とRSIの作成をそれぞれ1から行います。実際にプログラムを入力して実行してみてください。第3章を読み進めていく中でわからない用語などが出てきたら、第2章に戻って確認してください。

　第4章では、第3章で作成した移動平均線とRSIの表示方法を工夫します。線や塗りつぶし色を変更したり、吹き出しを表示したりします。

　第5章はさまざまなインジケーターのPineScriptを紹介します。紹介したインジケーターをベースに、表示方法の工夫や、計算式を自分好みに修正することが可能です。

　第6章はインジケーターから買いポイントと売りポイントを作成し、後述のストラテジー作成のための準備をします。

　第7章では、第6章で作成した買いポイント、売りポイントを使ってストラテジーを作成します。さらにバックテストを行い、作成したストラテジーが利益の出るルールかどうかを確認します。

　本書を世に出す機会を与えてくださったパンローリング株式会社に感謝の意を表します。また、本書を通して読者がPineScriptを修得し、思い通りの株式投資を行えることを願っております。

2021年10月

尾﨑 彰彦

CONTENTS

目次

CONTENTS

第5章　さまざまなインジケーターを作成する

第6章　売買ポイントを作成する

目次

第7章　バックテスト用のストラテジーを作成する

第1章

テクニカル分析と PineScriptについて

本章では、TradingViewでシステムトレードを始める前に、インジケーターやトレードシステムの大まかな流れをご紹介します。基礎的な内容になりますので、慣れている方は飛ばしても問題ありません。

1.1 PineScriptで株価チャートのテクニカル分析を始めよう

　まずは実際のTradingView画面の紹介の前に、ざっくりPineScriptで株価チャートのテクニカル分析を行う方法を紹介します。インジケーターやストラテジーの記述方法については、後の章で解説します。

1.1.1 テクニカル分析とは

　「**テクニカル分析**」とは、過去の株価チャートの終値等を数式を使い数値化し、株価の上昇・下降の傾向や買われ過ぎ・売られ過ぎを判断するものです。その判断のために数値を指標化したものを「**インジケーター**」といいます。

■図1.1 RSIによる買われ過ぎ・売られ過ぎ

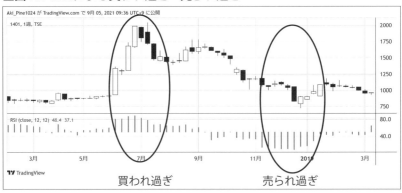

　【図1.1】は、1401エムビーエスの週足チャートです。画面上側にローソク足、画面下側にインジケーターのひとつであるRSIを表示させています。一般的にはRSIが上がって70を超えたら買われ過ぎ、下が

って30以下になったら売られ過ぎと判断するといわれます。

1.1.2 PineScriptとは

　「**PineScript**」は、TradingViewのチャートにインジケーターやストラテジー（後述）を作成するためのプログラミング言語です。

　例えば【図1.1】RSIのように、あらかじめ搭載されている既存のインジケーターを自分好みの数値を使ってアレンジしたり、1からオリジナルで作成することもできるので、応用が幅広く利くのもPineScriptの特徴です。

　また、株価やインジケーターの値が上がったときと下がったときで表示する色を変更したり、特定の条件を満たしたときに背景色や線の間を塗りつぶしたり、○や×、▲等のラベルを表示させることもできます。

　では、【図1.1】RSIを表示させるためのプログラムはどうなるか、参考として見てみましょう。プログラムの書き方は追って解説します。

■図1.2 RSIのPineScript

1.2 インジケーター

　インジケーターは主に２種類あります。

　移動平均線やボリンジャーバンド、エンベロープに代表される「トレンド」系インジケーターと、RSIやストキャスティクスに代表される「オシレーター」系インジケーターです。

1.2.1 トレンド系インジケーター

　トレンド系インジケーターとは、過去の株価の最大・最小・平均値や標準偏差などを使って数値を求め、その数値と現在の株価を比較して、上昇傾向にあるのか下落傾向にあるのかを判断します。

　ただし、あくまで現在の傾向がわかるだけなので、将来的に上昇・下落が続くかはインジケーターからはわかりません。

■図1.3 トレンド系インジケーター（エンベロープ）

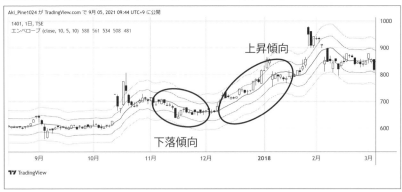

1.2.2 オシレーター系インジケーター

　オシレーター系インジケーターとは、過去の株価を0〜100などの一定の幅の中に収まる数値に変換し、買われ過ぎ・売られ過ぎを判断します。

　買われ過ぎ・売られ過ぎが長く続くことは少ないので、相場の転換点を見るのに向いています。ただし、自身で定めた基準値を超えて買われ続ける・売られ続けることもあります。

■図1.4 オシレーター系インジケーター（ストキャスティクス）

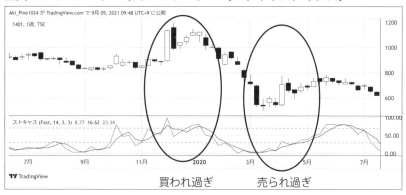

　インジケーターは、視覚的に株価変動の傾向や現状をとらえるための強力なツールです。インジケーターを組み合わせて売買ルールを作成し、作成した売買ルール通りに運用したら利益が出るかをバックテストを行い確認します。

　次項では売買ルールとバックテストについて見ていきます。

1.3 バックテスト

　インジケーターを組み合わせて売買ルールを作成しますが、いきなり実トレードで資金を投入するのは危険です。まずは、その売買ルールが有効かを検証する必要があります。そこで、「バックテスト」をして、過去のチャートで売買タイミングを確認し、利益が出る売買ルールかどうかを確認します。

1.3.1 売買ルール

　売買ルールは簡単に言ってしまえば、「注文」「株数」「決済」からできています。

　利益を狙うには、タイミングよく購入（注文）することがもちろん大事ですが、売却（決済）のタイミングも重要です。この注文と決済のタイミングを、インジケーターで判断します。

　また、購入する株数も重要です。詳細は後述の7.2.3項で紹介しますが、一度のトレードで総資産の1パーセント以上を失わない株数をPineScriptで算出します。

1.3.2 ストラテジーとバックテスト

　ストラテジーとは、バックテスト用のプログラムです。インジケーターと同様に、PineScriptで作成します。

　ストラテジーで、注文のタイミングと株数、決済のタイミングを指示すると、過去のローソク足の値を使い、注文と決済の地点や株数が

自動的に計算されます。さらに、各トレードの損益が自動で計算されます。各トレードの損益から、勝率や平均損益等を求めます。この一連の計算のことをバックテストといいます。

　バックテストは過去のチャートを基に注文と決済のタイミングを見つけて、株数を求め、損益を求める必要があります。ところが、TradingViewのPineScriptでストラテジーを作成すれば、バックテストを自動で行うことができるのです。

　TradingViewでバックテストを行うと、チャート上の注文した地点に購入株数と↑（上矢印）、決済した地点に決済株数と↓（下矢印）が表示されます。購入株数はプラス、決済株数はマイナスで表示されます。

　なお、空売り（ショート）の場合はプラスとマイナスが逆になりますが、本書では空売りについて考慮していません。

■図1.5 注文・決済タイミングと株数（右は拡大）

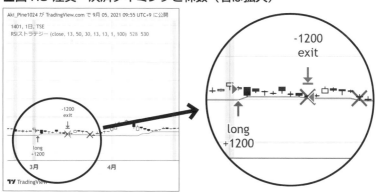

　トレードの純利益やトレード回数等が表示される「【図1.6】 概要」、プロフィットファクター等の詳細な数値を確認できる「【図1.7】 パフォーマンスサマリー」、すべてのトレードを確認できる「【図1.8】 トレード一覧」で、ストラテジーが利益を出せているか、ルールの長

15

所・短所は何か、などを客観的に判断することが可能になります。

■図1.6 バックテスト結果（概要）

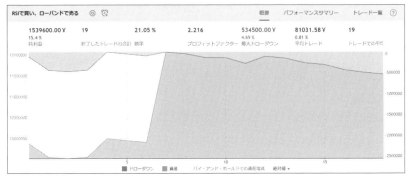

■図1.7 バックテスト結果（パフォーマンスサマリー）

RSIで買い、ローバンドで売る	すべて	ロング	ショート
純利益	1539600.00 ¥ 15.4 %	1539600.00 ¥ 15.4 %	0 ¥ 0 %
総利益	2806000.00 ¥ 28.06 %	2806000.00 ¥ 28.06 %	0 ¥ 0 %
総損失	1266400.00 ¥ 12.66 %	1266400.00 ¥ 12.66 %	0 ¥ 0 %
最大ドローダウン	534500.00 ¥ 4.69 %		
バイ・アンド・ホールドでのリターン	18556149.73 ¥ 185.56 %		
シャープレシオ	0.03		
プロフィットファクター	2.216	2.216	該当なし

■図1.8 バックテスト結果（トレード一覧）

#	タイプ	シグナル	日付	価格	取引	利益	累積利益	最大可能利益	ドローダウン
1	ロングエントリー	long	2015-11-12	187	22700	-113500.00 ¥ -2.67 %	-113500.00 ¥ -1.13 %	93070.00 ¥ 2.19 %	113500.00 ¥ 2.67 %
	ロングを決済	exit	2015-11-16	182					
2	ロングエントリー	long	2015-11-26	195	25000	-325000.00 ¥ -6.67 %	-438500.00 ¥ -3.29 %	525000.00 ¥ 10.77 %	325000.00 ¥ 6.67 %
	ロングを決済	exit	2015-12-09	182					
3	ロングエントリー	long	2016-05-25	260	1800	-30600.00 ¥ -6.54 %	-469100.00 ¥ -0.32 %	66240.00 ¥ 14.15 %	35100.00 ¥ 7.5 %
	ロングを決済	exit	2016-06-24	243					
4	ロングエントリー	long	2016-08-03	243	6600	33000.00 ¥ 2.06 %	-436100.00 ¥ 0.35 %	112200.00 ¥ 7 %	39600.00 ¥ 2.47 %
	ロングを決済	exit	2016-10-21	248					

おおまかなプログラムの作成から運用までの流れをまとめます。

■図1.9 トレードプログラム作成の流れ

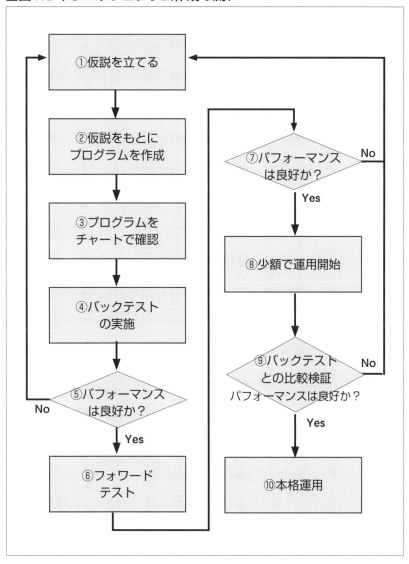

トレードプログラムが正しく動くことはもちろんですが、何よりも

運用成績が重要です。いきなりトレードを始めるのではなくバックテストや少額運用で確かめてから始めてください。

　なお、本書で掲載しているプログラムはパンローリングの書籍紹介ページからダウンロードいただけます。
　詳しくは、パンローリングのホームページをご確認ください。

http://www.panrolling.com/books/gr/gr167.html

第2章

TradingViewで始める PineScript

本章は、TradingViewの操作方法からPineScriptを使ったプログラミングの基礎について解説します。他のプログラムとは異なる記述やルールもありますので、必ず読んでください。

2.1 TradingViewについて

ここでまず、TradingViewについて概要をご紹介します。ウェブサイト（https://jp.tradingview.com）にアクセスします。

会員登録をしなくても、株価だけでなく通貨、先物、暗号通貨などのチャートに標準搭載のインジケーターを表示させたり、PineScriptでオリジナルインジケーターを作成し表示させることはできますが、インジケーターの保存や公開などができません。

チャートを見る度にインジケーターを作成するのは大変なので、会員登録することをオススメします。

2.1.1 会員登録

まずは、TradingViewのトップページを開き、右上のサインインマーク（人型アイコン）をクリックします。画面は執筆時点のもので、変更となる可能性があります。

■図2.1 TradingView トップページ（2021年9月現在）

　小ウィンドウが表示されますので、一番上の「サインイン」をクリックします。

■図2.2 サインイン画面

　画面下部の「まだアカウントをお持ちでないですか？　サインアップ」から、サインアップをクリックします。

■図2.3 サインアップ（新規登録）画面

　サインアップ（新規登録）画面が表示されます。Ｅメールアドレスのほか、Google、Facebook、Twitter等のアカウントで登録できます。

今回の例ではEメールアドレスで登録します。

■図2.4 Eメールのサインアップ画面

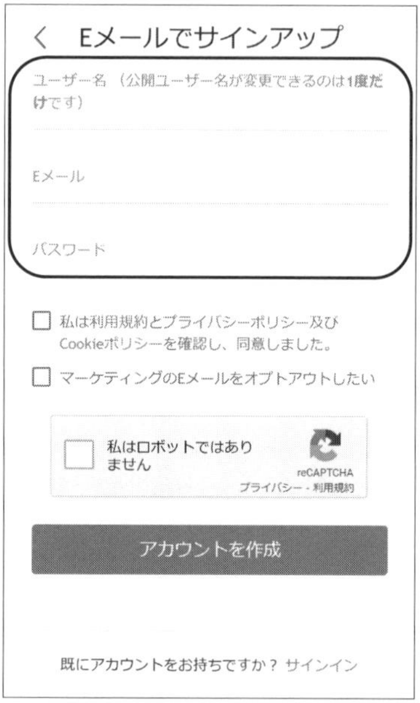

ご希望のユーザー名・Eメールアドレス・パスワードを入力します。次に、利用規約とプライバシーポリシー、Cookieポリシーを確認し、問題ないと判断できたのちに□にチェックを入れて同意します。

最後に、「□私はロボットではありません」にチェックを入れます。

入力・チェックが完了したら、「アカウントを作成」をクリックします。

正しく入力できていれば、【図2.5】のようなEメール認証画面が表示されます。

■図2.5 Eメール認証画面

　受信メールでTradingViewからのメールを確認します。もしメールが届かない場合は、迷惑メールフォルダも確認してみてください。

　それでもメールが届かない場合は「アクティベーションリンクを再送する」ボタンを押してもう一度メールを送信するか、Eメールアドレスが間違っていた可能性があるので、サインアップ画面からやり直しましょう。

■図2.6 TradingViewからのメール

TradingViewからのメールにある「アカウントを有効化」ボタン
をクリックします。これで会員登録は完了です。今後は、登録したE
メールアドレスとパスワードでログインが可能です。

　次項で、具体的な操作方法を説明します。

　なお、本書はPineScriptによるプログラミングやシステムトレード
をテーマにしているので、TradingViewの操作については、ごく基
本的な紹介になります。TradingViewのより詳しい活用法について
は山中康司さんによる解説本が近くパンローリング社から出版される
ので、そちらをあわせてお読みください。

2.1.2 チャートを表示する

　TradingViewのトップページ上部にある「チャート」や「マーケッ
ト」などのメニューから「チャート」をクリックします（本書に掲載
している画面の表示例はすべて、2021年9月執筆時点のものになりま
す）。

■図2.7 チャート表示ボタン

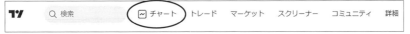

【図2.8】は日経225の日足チャートになります。

■図2.8 チャート画面

2.1.3 チャート画面の操作方法

　試しに現在表示されているチャート上にカーソルを置き、マウスホイールを動かしてみてください。表示する足（価格バーやローソク足）が拡大・縮小して表示期間を変更できます。また、画面をドラッグして左右に動かすことで、ローソク足の幅は変えないまま、チャートの表示する期間を変えられます。

　チャート画面上部ツールバーで、銘柄や足の種類、インジケーターの追加などさまざまな操作を行うことができます。

　【図2.8】のチャート画面を使って、それぞれ見ていきましょう。

■図2.8 チャート画面（再掲）

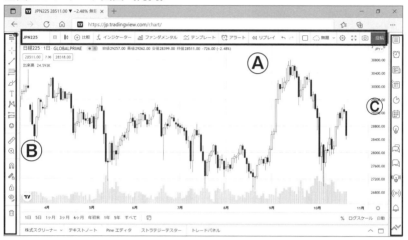

　チャート上部にメニューバーが、左右にアイコンが並んでいます。

・上部Ⓐのツールバー
　チャート設定で使用頻度の高いメニューが簡単にアクセスできるよ
　うになっています。

・左部Ⓑアイコンバー
　トレンドラインやフィボナッチ、エリオット波動、テキスト挿入な
　どの描画ツールのアイコンが並んでいます。

・右部Ⓒアイコンバー
　ニュースや板情報、経済指標発表のカレンダー、値上がり・値下が
　りランキングなどの各種情報のほか、チャットやアイデア公開など
　のアイコンが並びます。

　では、基本操作となるⒶのツールバーのボタン一覧と機能を次ペー
ジにまとめます。

■表2.1 チャート上部ツールバーのアイコン一覧

アイコン		機　能
(1)	JPN225	シンボル（銘柄）検索
(2)	日	足の種類（日足・週足等）の変更
(3)		バーの種類の変更
(4)	⊕ 比較	他の銘柄との比較
(5)	ƒx インジケーター	インジケーターとストラテジーを追加
(6)	ファンダメンタル	ファンダメンタルを追加
(7)	テンプレート	テンプレートの保存・読込
(8)	アラート	アラートの作成
(9)	◁◁ リプレイ	リプレイの実行
(10)	↶ ↷	インジケーターの設定等を 元に戻す／やり直す
(11)	□	レイアウトを選択
(12)	☁ 無題 ⌄	チャートレイアウトの保存・読込
(13)	⚙	チャートの表示設定を変更
(14)	⤢	フルスクリーン表示 Escキーで元に戻る
(15)	◎	チャート画像を保存
(16)	投稿	TradingViewコミュニティに投稿

【表2.1】から特によく使うアイコンについて見ていきます。

(1)シンボル検索

シンボル（銘柄）の検索を行います。日本株ならば（株式）ボタン
を押して4桁の銘柄コードを入力します。米国株ならばティッカーシ
ンボルを入力して検索します。

■図2.9 シンボル検索

ここでは例として、ファーストリテイリング（9983）を検索しまし
た。銘柄コードが不明な場合は、銘柄名で検索しても関連銘柄が出て
きます。

検索結果の一覧の右側に出る市場ソースのうち、日本株はTSE（東
京証券取引所）です。

(2)足の種類の変更

秒足・分足から1〜4時間足や日足・週足・月足などが選べます。

■図2.10 足の種類の変更

設定時間が出ていない場合は、∨マークをクリックしてください。

(3)バーの種類の変更

バーチャートやローソク足、中空ローソク足、平均足、カギ足、ポイント&フィギュア等からバーの種類を選びます。

■図2.11 バーの種類の変更

(5)インジケーターとストラテジーを追加

TradingViewに内蔵されているインジケーターは「内蔵」から選択できます。自分で作成したインジケーターは「マイスクリプト」に追加されるので、そこから選択できます。

■図2.12 インジケーターとストラテジーを追加

(8)アラートの作成

　株価やインジケーターの値が指定した値以上・以下や指定した値と交差した場合、終値がオリジナルのインジケーターを超えたときなど、スマートフォンアプリへの通知や、指定したメールアドレスにメールを送ることができます。

　ここでは、JPN225が30000に触れたら、ポップアップでアラート表示するように設定してみます。

■図2.13 アラートの作成とポップアップ通知

　ただし、無料アカウントでは、アラートは1件しか登録できないのでご注意ください。

(13)チャートの表示設定を変更

ローソク足やヒゲ等の色、現在価格や前日終値のラインの有無や線種等の設定を変更できます。

■図2.14 チャートの表示設定を変更

(15)チャート画像を保存

TradingViewはコミュニケーション機能も充実しています。チャート画像をパソコンに保存したり、チャート画像のリンク（URL）をコピーできるので、そのままblogやSNSに掲載、またはTwitterで共有可能です。

■図2.15 チャート画像を保存

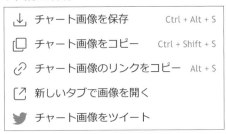

2.2 Pineエディタについて

チャート画面下にあるメニュータブの中に、本書の重要ツールとなるPineエディタがあります。

■図2.16 チャート画面下メニュータブ

同じメニュータブにある「株式スクリーナー」は、出来高上位や変動率ランキングでさらにセクターというフィルターをかけるなど銘柄探しをサポートしてくれる機能です。

「テキストノート」はトレードノートを記録する機能です。検索機能もあるので、あるテーマやワードについて見返したいときに便利です。

では「Pineエディタ」タブをクリックしてみます。

■図2.17 Pineエディタ

【図2.17】の四角枠内にインジケーターやストラテジーのプログラムを書いていきます。

新規のエディタでも【図2.17】のように自動で一部コードが記載されています。これらを含め、具体的な記述については次章以降で解説するので、まずは画面操作をイメージしてください。

■図2.18 Pineエディタ画面

【図2.18】の丸枠内の「開く」ボタンを押し、「新規の空のインジケーター」「新規の空のストラテジー」をクリックすると、インジケーターとストラテジーそれぞれのひな型が表示されます。ただし、表示されるひな型はPineスクリプト最新バージョンのものですが、本書ではVersion4について説明しているため、ここで表示されるひな型は使用しません。このことは3章で詳しく説明します。

「保存」をクリックすると、任意の名前をつけてスクリプトを保存できます。万が一コードにエラーがある場合は、保存ボタンを押したときにエラーメッセージが表示されます。

保存したオリジナルのスクリプトは「マイスクリプト」に保存されるので、自分で作成して保存したスクリプトを開くときは「マイスクリプト」から選択します。

「チャートに追加」をクリックすると、インジケーターやストラテジーがチャートに追加されます。保存をしていないスクリプトをチャートに追加することもできますが、コードにエラーがある場合は、チ

ャートに追加ボタンを押したときにエラーメッセージが表示されます。

■図2.19 チャートとPineエディタ

チャートは時間経過とともに右側に新しい足が追加されます。一番右が最新のローソク足（以下最新足）です。

一方、プログラムは上から下に一行ずつ処理が実行されます。

記述が誤っていたり、定義が不明な単語が出てきてしまうとエラーになり、チャートには表示されません。その場合はエラー箇所と内容がエディタの下に表示されます。

> チャートへの追加に失敗しました。理由: line 2: syntax error at input 'end of line without line continuation'.

このメッセージ箇所を修正して、再度表示を試します。

Pineエディタに記述された内容は文字ごとに色分けされます。

○文字の色

- 青・・・ビルトイン関数：あらかじめ何かしらの役割を与えられている関数
- 赤・・・ビルトイン変数：あらかじめ入る内容が定義されている変数
- 青緑・・・算術演算子（＋や－など）、論理演算子（and や or など）やif文など
- 緑・・・文字列（テキスト）
- オレンジ・・・文字列以外の値（1.0やtrue、falseなど）

　青や赤字のあらかじめ組み込まれている関数や変数にカーソルを当てるとその解説がポップアップウィンドウで表示されるので、内蔵スクリプトなどで知らないワードがあったり、ビルトイン関数の引数を確認するときに参考になります。

　なお、関数や変数はユーザーが独自に定義することができます。

2.3 プログラミングの基礎

　第3章からプログラムを詳しく見ていく前に、まずはベースとなる基礎的なお話をしましょう。PineScriptとは、TradingViewのインジケーターを作成するためのプログラミング言語だということは何度かお伝えしました。では、プログラミングとは何か、さらにプログラミングを行うにあたって知っておきたい概念を紹介します。

　プログラミング未経験の方は現時点ですべてを理解しなくてもよいので、一度最後まで目を通してください。第3章以降で言葉の意味がわからなくなってしまったら、本節に戻って確認してください。

　本節以降、コードを紹介することがあります。1行が長く紙面上に書ききれない場合は、行番号を抜いたうえで改行をしています。【リスト2.1】を例に挙げると、紙面上では2行目は改行されていますが次の行には行番号がなく、さらに次の行が3行目となっています。この場合、Pineエディタでは2行目と3行目のstudy(shorttitle から overlay = true)までを改行せずに一行で書くことを想定しています。

□リスト2.1 改行（2行目）の例

```
1   //@version=4
2   study(shorttitle = "移動平均線",
     title = "Moving Average", overlay = true)
3   // 変数を定義する
4   Source = close
5   Length = 10
6   // プロットする
7   plot(Source)
```

　ただし、ディスプレイの解像度等の関係で改行したい場合は、コン

マや演算子の前後で改行し、改行した行の先頭に半角スペースを1～3個追加してください。

2.3.1 変数と型

「**変数**」とは値を記憶する箱のようなものです。その箱に数値を入れたり出したりするのですが、この**値を入れることを**「**代入**」といいます。

例えば、「変数Lengthを宣言し、整数10を代入する」プログラムは、以下のようになります。今回のように、変数を定義した後、初めて値を代入することを「**変数の初期化**」といいます。

なおここでは変数そのものの解説になるので、Length（長さ・期間）や後に出てくるValue（値）が何を指すかという点は考慮しません。

```
Length = 10
```

算数において「＝（イコール）」は左右が等しいことを意味しますが、PineScriptでは、**左辺の変数に右辺の値を代入する**という意味になります。つまり、「"変数Length"に10を"代入"する」です。

また、すでに変数に値が代入された状態で、再び値を代入する際は、「:=」を使います。

「変数Lengthに整数10を代入し、2回目は20を代入する」

```
Length = 10
Length := 20
```

Length ＝ 10でLengthに整数10を代入し、次の行でLengthに整数

20を代入しています。2回目以降の代入では「=」ではなく「:=」を使っています。

変数を用いると、変数を使用したすべての箇所の値を一度に変更できるため便利です。

上の例では整数を使用しましたが、**変数にはさまざまな種類の値を記憶させることができます。**変数の種類のことを、「**変数の型**」といいます。

例えば変数を箱つまり容器でイメージした場合、液体や生もの、温かいものでは、用意する容器が変わってくるように、プログラムでも中に入れる値によって変数の型が変わってきます。

では、型の一覧を紹介します。

■表2.2 型一覧

型	入力例
ブール型	true, false
整数型	1, 10, 100
小数型	1.2, 2.45, 10.0
文字列型	"文字列"
カラー型	color.red

変数の型は、初期化した値から自動で決定します。2回目以降に代入する値の型は最初に代入した値の型と同じである必要があります。

例えば、「変数Value」に1を代入すると、自動的にValueは整数型と判断されます。

```
Value = 1
```

代入する値を変更し、Valueに1.0を代入すると、自動的にValueは

小数型と判断されます。

```
Value = 1.0
```

2.3.2 計算式と演算子

　変数の代入には、計算式も使えます。計算式は四則演算（足し算、引き算、掛け算、割り算）と、割り算の余りからなる計5種類の算術演算子を組み合わせて作成します。なお、整数同士の割り算の場合、小数点以下の値は切り捨てられます。

■表2.3 算術演算子

演算子	処理
+	足し算
-	引き算
*	掛け算
/	割り算
%	割り算の余り

　いくつか例を挙げてみます。

変数Valueに、Lengthに1を足した値を代入する

```
Value = Length + 1
```

変数Valueに、Lengthから2を引いた値を代入する

```
Value = Length - 2
```

変数Valueに、Lengthに３を掛けた値を代入する

```
Value = Length * 3
```

変数Valueに、Lengthを２で割った値を代入する

```
Value = Length / 2
```

変数Valueに、Lengthを３で割った余りを代入する

```
Value = Length % 3
```

　また、足し算などの処理と代入を同時に行うことができる演算子も
あります。

■表2.4 代入を同時に行う代入演算子

演算子	処理
+=	足した値を代入
-=	引いた値を代入
*=	掛けた値を代入
/=	割った値を代入
%=	割り算の余りを代入

　例を挙げます。

　整数10が代入された変数Lengthがあります。さらに変数Lengthに
１を加えた値を変数Lengthに代入する処理について考えます。

```
Length = 10
Length := Length + 1
```

　この処理は、以下のように書くことができます。

```
Length = 10
Length += 1
```

2.3.3 条件式

　条件式は、比較演算子（左辺と右辺が等しい、左辺のほうが大きい等）と論理演算子（かつ、または等）を組み合わせて作成します。

　【図1.9 プログラム作成の流れ】の図の中で◆━━━▶ で回答を分岐したように「○○だったらAの処理、○○でなければBの処理を行う」といったような実行条件がプログラミングではよく行われます。このような処理は「**条件分岐**」と呼ばれています。

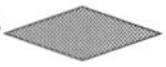

　条件式の結果は「**ブール型**」となります。ブール型はtrue（条件を満たす）またはfalse（条件を満たさない）のどちらかとなります。例えば、移動平均線のように価格チャートと同じ画面にインジケーターを表示するときは、重ねるという意味のoverlayをtrueにします。なお、これらは実際に使用するときに改めて解説します。

　PineScriptでは「＝」は代入するという意味でした。一方、イコール（左辺と右辺が等しい）を表すときは「＝＝」と記述します。

■表2.5 条件式で使用する比較演算子（関係演算子）

演算子	処理
＝＝	左辺と右辺が等しい
！＝	左辺と右辺が等しくない
＜	左辺より右辺のほうが大きい
＜＝	左辺と右辺が等しいか、右辺のほうが大きい
＞	左辺より右辺のほうが小さい
＞＝	左辺と右辺が等しいか、右辺のほうが小さい

　左辺と右辺の比較であれば、比較演算子で簡単に表現できます。しかし、2つ以上の条件を組み合わせる場合、比較演算子のみでは表すことができません。例えば、「aは1以上10未満」を条件式で表すときに「1 <= a < 10」のように書くことはできません。その場合は、論理演算子を使うことで複数の条件設定が可能になります。

■表2.6 条件式で使用する論理演算子

演算子	処理
and	かつ
or	または
not	でない

aは1以上10未満

```
1 <= a and a < 10
```

2.3.4 関数と引数・戻り値

　「関数」とは、何かしらの処理を行い、処理を行った結果を返す一連の処理のことです。引数で値を関数に渡し（入力）、計算した結果を戻り値といいます（出力）。

　つまり、引数は関数に渡す情報（パラメーター）で、戻り値はそれらを基にした結果になります。

　指定した一連の処理を行うので、処理によっては引数の記述が必要ない関数もあります。トレードプログラムにおいては、基本的に数を扱うことが多くなるので、「関数」は重要な要素になります。

　引数がある関数はPineScriptでは以下のように書きます。

関数名 (引数1, 引数2, ・・・)

　引数は関数に対して１つとは限りません。**引数が複数ある場合はカンマ（,）で区切っていきます。**

　具体的な例を挙げます。

　PineScriptには、過去Length本の移動平均を求める「**sma関数**」が用意されています。SMAとは「Simple Moving Average」で、単純移動平均線のことです。

■sma関数

説明	単純移動平均をソースから求める
構文	sma(source, length) 　　　① 　　②
引数	① source(必須、小数型) 　単純移動平均を計算するソース。 ② length(必須、整数型) 　計算するローソク足の本数。
戻り値	length本で計算した単純移動平均

　具体的な使い方は第３章で紹介するので、ここではsma関数の要素について考えてみます。

　移動平均を計算するには始値や終値など、どの値の移動平均を計算するのか、何本の移動平均を計算するのかを指示しなければなりません。つまり、移動平均を計算するためには

　① 移動平均を計算するソース（始値・終値等）

　② 計算するローソク足の本数

の２つを渡す必要があります。

　その指示を引数で行います。そして、指示した引数を使い移動平均を計算した結果が、戻り値として戻ってくるのです。

　「**構文**」とはプログラミングする際の書式のことで、それらに沿っ

た記述をしなければエラーとなり、正しく認識されません。しかし言い換えれば、構文を理解していれば、不明な単語があっても調べていけば解決するのです。

では、単純移動平均線のコードを書いてみます。

sma関数に、引数（ソース：終値、足数：10）を渡す

```
sma(close, 10)
```

プログラムは一見すると英単語の羅列で難しく感じるかもしれません。関数が何を指しているのかがわかれば、そこにはどんな情報を渡せばよいのかイメージがつきやすいと思います。

■図2.20 sma関数のイメージ・・・sma(close, 10)

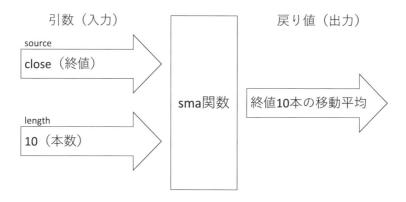

次章以降で詳しく解説していきます。

コラム：コードを工夫して読みやすくしよう

　複数人のチームでプログラムを作成する際、コーディング規則とよばれるルールを決めることがあります。変数につける名前や括弧の位置、演算子前後のスペースの有無等、さまざまなルールがあります。

　ルールを守ることによって、コードの見た目を統一し品質を保つことができます。実運用に使用するプログラムは一度作成したら完成ではなく、実際に売買するなかで出てきた改善点を修正し続ける必要があります。長年使い続けたプログラムを久々に修正するときに、自分が作成したプログラムのはずなのに理解できない、ということはよくあります。

　そうならないために、プログラムの作成に慣れてきたら自分なりのルールを作り守っていくと、将来の自分がプログラムを修正するときに楽になります。

　本書では演算子の前後とコンマの後には、半角スペースを入れてプログラムを見やすくしています。スペースがなくてもプログラムは動きますが、見返してコードを読みやすいかどうかに影響があるため、とても重要なルールです。ぜひ参考にしてみてください。

　また、変数につける名前や、プログラムの書き方については、ダスティン・ボズウェル著『リーダブルコード ──より良いコードを書くためのシンプルで実践的なテクニック』（オライリージャパン）で詳しく解説されています。将来的にプログラマを目指す方や、より読みやすいコードを書きたい方はチェックしてみてください。

簡単な指標を1から作成する

本章からPineエディタにプログラムを書いていきます。まずはメジャーなインジケーターをカスタマイズできるように、プログラムを書いてみましょう。

3.1 移動平均線を作成する

　ここからは実際にプログラムの作成を行います。

　移動平均線をチャート上に表示するPineScriptを作成してみましょう。移動平均線のインジケーターは内臓されていますが、PineScriptを始める一番簡単な例として、本節では移動平均線のインジケーターを1から作成することにします。

■図3.1　内臓されているPineScript v4のSMA（単純移動平均）

　今回作成するインジケーターは、設定から以下の項目を自由に変更できるようにします。

・ソース（始値、高値、安値、終値など）
・計算する本数
・計算ロジック（単純移動平均、加重移動平均、指数平滑移動平均）

■図3.2 作成した移動平均線の設定画面

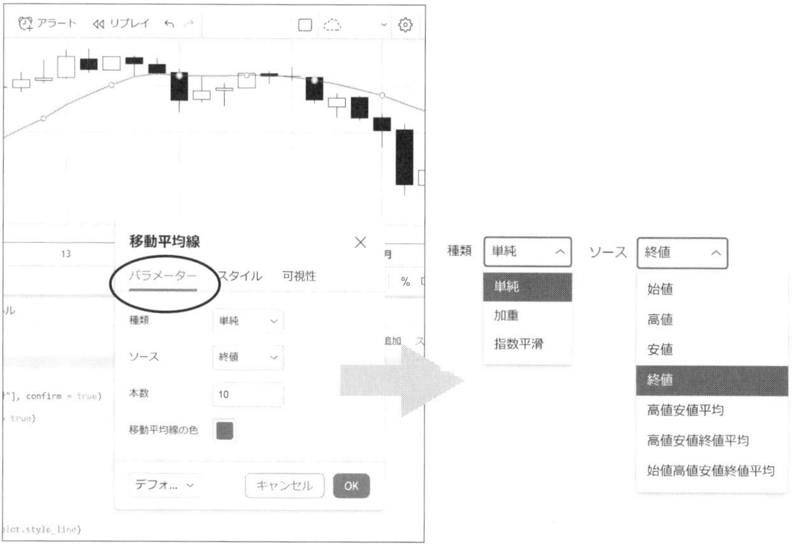

　まずはコード（本節の場合【リスト3.2】）をPineエディタに自分の手で打ち込んでください。その後、解説を読んで追加・修正を行っていき、プログラムの流れや考え方を理解してください。

　その際、サンプルコードの値を試しに何種類か変更してみてください。表示や値がどう変化するかを見ていくと、より理解が深まると思います。

3.1.1 バージョン指定とコメント

　Pineエディタの「新規の空のインジケーター」を開いた段階で表示されるテンプレートプログラムを見てみましょう。

　ただし、今回紹介するものはPineScriptの最新版がVersion4だったときのものなので、現在表示されるプログラムとは異なります。しか

し、PineScript Version4を解説するためには避けては通れないため、参考として紹介します。

□リスト3.1 PineScript Version4の「新規の空のインジケーター」（参考）

```
1  // This source code is subject to the terms of
    the Mozilla Public License 2.0 at
    https://mozilla.org/MPL/2.0/
2  // © UserName
3
4  //@version=4
5  study("マイスクリプト")
6  plot(close)
```

【リスト3.1】を1行ずつ見ていきます。

PineScriptでは、「//（半角スラッシュ2つ）」で始まる行は「**コメント行（コメントアウト）**」として扱われ、プログラム動作上では無視されます。コメントアウトは、記述をわかりやすくするための注意書きやメモなどとして活用できます。

1〜2行目はコメント行で不要なため、削除します。なお、//は行の途中からでも記述できますが、あくまで「//から行末まで」がコメントとなります。複数行をコメントアウトしたいときは該当行を選択した状態で、Windowsなら「Ctrl + /」、macOSなら「Command + /」を入力すると一括で該当行の頭に「//」がつきます。

3行目は空白行で何もしないので削除します。

4行目はバージョン指定を行うための特殊なコメントなので、削除してはいけません。**PineScriptには複数のバージョンがあり、それぞれ使える関数や書き方が異なります。**本書執筆時点でのPineScriptの最新バージョンは5ですが、本書ではPineScript Version4を対象としているので、「**//@version=4」の行は必ず残してください。**

5行目でインジケーターのプロパティを設定します。ここでは、インジケーターのテンプレートで記述されている「マイスクリプト」の

ままにします。

　6行目はclose（終値）をつないだ線を描くための記述です。なお、5〜6行目は後ほど詳しく説明します。

　1〜3行目を削除すると、【リスト3.2】のようになります。

　なお、今後PineScript Version4で新たにインジケーターを作成する場合、【リスト3.2】を基に作成するとよいでしょう。

□リスト3.2 不要な行を削除した後のプログラム

```
1   //@version=4
2   study("マイスクリプト")
3   plot(close)
```

　それでは、Pineエディタに【リスト3.2】を入力し、「保存」ボタンをクリックして保存したのち、「チャートに追加」をクリックしてみましょう。

■図3.3 表示イメージ

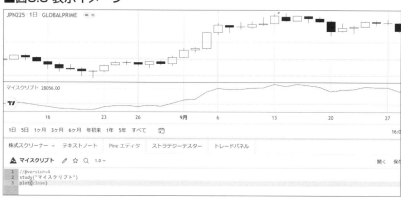

　価格チャート下にマイスクリプトという、終値をつないだだけのインジケーターが表示されました。次の項でインジケーターのタイトルを「移動平均線」に設定する方法を説明します。

移動平均線は下記の流れで設定していきます。

1. タイトルや表示ウインドウを指定
2. 移動平均線を計算するソースと足の本数を決める
3. 移動平均線を計算して描画する

3.1.2 study関数で指標のタイトルを定義する

【リスト3.2】の2行目にある「**study関数**」は、**指標のタイトルや表示位置といった属性（プロパティ）を設定するための関数**です。study関数を修正して、インジケーターのタイトルと描画するウインドウを指定します。

■study関数（使用する引数のみ抜粋）

説明	インジケーターのプロパティを設定する
構文	study(title, shorttitle, overlay, max_labels_count)
引数	title（必須、定数の文字列型） 　　長いタイトルを指定します。 shorttitle（任意、定数の文字列型） 　　短いタイトルを指定します。 overlay（任意、定数のブール型） 　　trueにするとローソク足の上に重ねて表示されます。 　　指定しないと自動的にfalseになります。 max_labels_count（任意、50〜500の整数） 　　ラベルの最大描画数。指定しないと自動的に50となります。 　　4.1.4項で使用します。
戻り値	なし

タイトルには長いタイトル（title）と短いタイトル（shorttitle）の2種類があります。**長いタイトルは必須なので、必ず指定しなければならず、指定しないとエラーとなります。**一方、短いタイトルは任意

なので指定しなくてもよいのですが、指定するとチャート上に短いタイトルが優先して表示されるようになります。

【リスト3.2】の2行目のstudy関数を構文に沿って修正します。任意の引数は、指定しなくても影響のない項目です。

```
2    study("マイスクリプト")
```

・title（必須、定数の文字列型）

　今回は移動平均線なので、タイトルを"マイスクリプト"から"移動平均線"に変更します。インジケーターの長いタイトルは以下のように指定します。

　title = "インジケーターの長いタイトル"

　タイトル名が、" "でくくられていることに注意してください。

" "で文字を囲むと、文字列として認識されます。なお長いタイトル・短いタイトルともに文字列であれば日本語でもかまいませんが、今回は英語で表記します。移動平均線は英語でMovingAverageなので、タイトルを"Moving Average"にします。

　title、shorttitle、overlayは、構文の順番通りに引数を指定する場合、title = やshorttitle = 、overlay = がなくても自動的に認識されますが、確認しやすくするために今回の例ではきちんと書くこととします。

　2行目を以下のように変更します。

```
2    study(title = "Moving Average")
```

・shorttitle（任意、定数の文字列型）

　次に、短いタイトルを指定します。インジケーターの短いタイトルは、以下のように指定します。

shorttitle = "インジケーターの短いタイトル"

ここでは短いタイトルを"移動平均線"とします。複数の引数を同時に指定するときは、間に,（コンマ）を入れる必要があります。

今回の例では、長いタイトル、短いタイトルの順番に引数を指定すれば、title = やshorttitle = は不要です。その場合のコードは以下のようになります。

```
2   study("Moving Average", "移動平均線")
```

しかし今回は、引数を必ずしも順番通りにしなくてもよいことを学習するため、また、実際にチャートに表示されるのは短いタイトルなので、短いタイトルを先に指定します。

2行目を以下のように変更します。

```
2   study(shorttitle = "移動平均線", title = "Moving Average")
```

・overlay（任意、定数のブール型）

overlayとは重ねるという意味です。インジケーターを価格チャートに重ねて表示させたいので、以下のように、overlay引数をtrueにする必要があります。

overlay = true

何も指定しないとデフォルト値のfalseとなり、【図3.3】のようにインジケーターとローソク足チャートが別々に表示されます。なお、スクリプトをチャートに追加した状態でoverlayを変更して保存しても反映されません。一度チャートから削除し、改めてチャートに追加すると反映されます。

| 2 | study(shorttitle = "移動平均線", title = "Moving Average", overlay = true) |

では、【リスト3.2】の2行目を変更してみましょう。

□リスト3.3 指標のタイトルを指定した後のプログラム

```
1  //@version=4
2  study(shorttitle = "移動平均線", title = "Moving Average",
      overlay = true)
3  plot(close)
```

■図3.4 表示イメージ

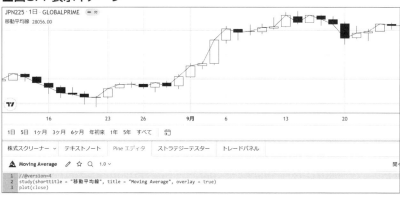

タイトルが「マイスクリプト」から「移動平均線」となり、チャート上にローソク足とインジケーターが重ねて表示されるようになりました。ただし、まだ移動平均線の計算は行っていないので、ここでは終値が線で結ばれただけの状態です。

3.1.3 変数を定義する

移動平均線を作成するためにはソース（終値など）と計算する足の

本数が必要です。これらの値を変数に代入します。変数に代入すると値を変更するだけで、計算に使用する値を簡単に変更できるようになります。

変数の定義と値の代入は以下のように行います。

変数名 = 代入したい値

ソースは始値open、高値high、安値low、終値closeのほかに、高値・安値の平均hl2、高値・安値・終値の平均hlc3、始値・高値・安値・終値の平均ohlc4があります。

■表3.1 ソース種類一覧

open	始値
high	高値
low	安値
close	終値
hl2	（高値＋安値）÷２
hlc3	（高値＋安値＋終値）÷３
ohlc4	（始値＋高値＋安値＋終値）÷４

【リスト3.3】の２行目と３行目の間に変数を定義し、ソースと計算する足の本数を変数に入れるため、以下の３行を追加します。

```
3    // 変数を定義する
4    Source = close
5    Length = 10
```

３行目にコメント「//変数を定義する」を追加します。どこで何の処理をしているか後でわかりやすくするために、できるだけコメントを残すことをオススメします。

4行目で、変数名Sourceにclose（終値）を代入します。

5行目で、変数名Lengthに10を代入します。**変数名の大文字と小文字は区別されるので注意してください。**

4行目で変数Sourceにcloseを代入したので、6行目のplot(close)を修正し、変数Sourceを使うようにします。またplot関数の前に、コメント「//プロットする」を追加します。

6	plot(close)

↓

6	// プロットする
7	plot(Source)

□**リスト3.4 変数を定義した後のプログラム**

```
1  //@version=4
2  study(shorttitle = "移動平均線", title = "Moving Average",
    overlay = true)
3  // 変数を定義する
4  Source = close
5  Length = 10
6  // プロットする
7  plot(Source)
```

4行目のcloseをhighにすると高値、lowにすれば安値が線で結ばれます。【リスト3.4】の時点では、まだ移動平均線の計算をしていません。次項では、sma関数を使用して移動平均を計算します。

3.1.4 sma関数を使用して移動平均を計算する

これまで定義した変数の値を使って移動平均を計算します。移動平均の計算には、sma関数を使用します。改めてsma関数を確認します。

■sma関数（再掲）

説明	単純移動平均をソースから求める
構文	sma(source, length)
引数	source(必須、小数型) 単純移動平均を計算するソース。 length(必須、整数型) 計算するローソク足の本数。
戻り値	length本で計算した単純移動平均

　【リスト3.4】の5行目と6行目の間に、変数MAを定義し、sma関数を使用して移動平均を計算します。MAには移動平均の値がシリーズで入ります。

```
6    // 関数を使用し計算する
7    MA = sma(source = Source, length = Length)
```

　ここでのsourceやlengthは、引数の名前です。先ほど**変数で定義し**た**SourceやLengthとは別物**です。

```
sma(source = Source, length = Length)
     引数      変数      引数      変数
```

　sourceもlengthも引数を構文の順番通りに指定する場合、source =やlength = は省略できます。省略すると7行目は以下のようになります。

```
7    MA = sma(Source, Length)
```

　再度plot関数を修正して、移動平均線を表示させるようにします。plot関数の引数をSourceから、今回計算したMAに修正します。plot関数についての詳細は、次項で解説します。

9	plot(MA)

□リスト3.5 移動平均を計算した後のプログラム

```
1  //@version=4
2  study(shorttitle = "移動平均線", title = "Moving Average",
    overlay = true)
3  // 変数を定義する
4  Source = close
5  Length = 10
6  // 関数を使用し計算する
7  MA = sma(Source, Length)
8  // プロットする
9  plot(MA)
```

■図3.5 表示イメージ

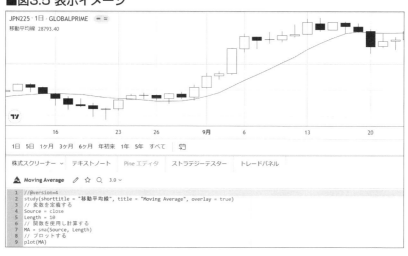

3.1.5 plot関数で線の属性を指定する

「plot関数」で線の色や太さ、種類、透明度といった線の属性を指定します。

■plot関数（使用する引数のみ抜粋）

説明	シリーズの描画を行う
構文	plot(series, title, color, linewidth, style, editable)
引数	series（必須、シリーズ） 描画するシリーズ。 title（任意、定数の文字列型） タイトル。設定画面で名前が表示されます。 color（任意、カラー型） 線の色。 linewidth（任意、整数型） 線の太さ。 style（任意、整数型） 線の種類。 editable（任意、定数のブール型） 線の色や種類等を設定画面から変更できるかを指定します。 指定しないとtrueとなります。
戻り値	塗りつぶしで使用できる描画オブジェクト

editable以外の引数は、引数の順番を構文通りにするとseries = のような引数の名前を省略できます。

・series（必須、シリーズ）

描画するシリーズを指定します。本節では移動平均線を描くので、ここまでで作成したMAが当てはまります。

・title（任意、定数の文字列型）

titleは指定しなくてもチャート上の見た目に変化はありませんが、設定画面上で指定したタイトルが表示されるので、設定しておくとよいでしょう。

plot関数のtitle有無による設定画面上での表示の違いを【図3.6】に

示します。

　図の左のように、titleを指定しないと「プロット」と表示されますが、titleを指定すると任意の文字列が表示されます。

■図3.6 タイトル指定前（左）と指定後（右）の設定画面イメージ

　今回プロットするのは移動平均線1本だけですが、複数のプロットを一度に表示させる場合、【図3.7】のようにどの記述がどのプロットか、わかりにくくなってしまいます。

■図3.7 タイトルを指定せず複数のプロットを表示したときの設定画面イメージ

・color（任意、カラー型）

　colorで線の色を指定します。本書では2つの方法を紹介します。

① 定数で指定する

② カラーコードで指定する

【表3.2】から設定したい色を選んで、該当する定数またはカラーコードを指定します。デフォルトは「color.blue」で設定されています。

① 定数で指定する場合・・・緑

```
color = color.green
```

② カラーコードで指定する場合・・・緑

```
color = #4CAF50
```

カラーコードには必ずハッシュ記号（#）が付くので、付け忘れないようにご注意ください。

■表3.2 色定数一覧

色	カラーコード	定数
水色	#00BCD4	color.aqua
黒	#363A45	color.black
青	#2196F3	color.blue
赤紫	#E040FB	color.fuchsia
灰色	#787B86	color.gray
緑	#4CAF50	color.green
ライム	#00E676	color.lime
栗	#880E4F	color.maroon
濃紺	#311B92	color.navy
オリーブ	#808000	color.olive
オレンジ	#FF9800	color.orange
紫	#9C27B0	color.purple
赤	#FF5252	color.red
シルバー（薄い灰色）	#B2B5BE	color.silver
青緑	#00897B	color.teal
白	#FFFFFF	color.white
黄色	#FFEB3B	color.yellow

　表以外の色もカラーコードを使えば設定できます。インターネットで「カラーコード一覧」と検索するとさまざまなサイトが出るので参考にしてください。

　移動平均線は価格チャートとあわせて表示します。ローソク足や他の指標と線が重なって見えにくくなってしまったときのために、線の透明度を指定します。透明度は「color.new関数」を使って、「transp引数」で指定できます。

■color.new関数

説明	色に透明度を指定する
構文	color.new(color, transp)
引数	color（必須、カラー型） 　透明度を指定したい色。 transp（必須、整数型） 　透明度。0~100までの値を指定する。0は非透明、 　100は完全に透明（不可視）。
戻り値	透明度を指定したカラー型

　透明度（Transparency）を設定するtransp引数は整数の 0 ～100で指定します。 0 にした場合は指定していないときと同様に透明ではない不透明な線になり、100にした場合は透明になり見えなくなります。

透明度50の緑色を定数で指定する場合

```
color = color.new(color.green, 50)
```

　本項はplot関数の解説をしています。colorは、その中の引数でした。そこへさらにcolor.new関数を使うことに疑問を持たれたかもしれません。関数の中に関数を入れることがあります。あとでプログラムをまとめるので、追って確認してください。
　では、plotの引数の説明を続けます。

・linewidth（任意、整数型）
　線の太さを整数で指定します。デフォルトは 1 、数字を大きくすればするほど線が太くなります。記述方法は下記になります。
　linewidth ＝ 整数

・style（任意、整数型）
　通常線（line）のほか、丸点線やクロス線などの線種を指定できま

す。線の種類は定数で指定します。

　style = 線種を示す定数

■表3.3 線種を示す定数一覧（線に関係する定数のみ抜粋）

名前	定数
ライン	plot.style_line
ステップライン	plot.style_stepline
クロス	plot.style_cross
円	plot.style_circles

　各線種の例を示します。

　ラインとステップラインは線の太さを1、判別がしやすいようにクロスと円は線の太さを5に設定しています。

■図3.8 線種：ライン・・・linewidth = 1, style = plot.style_line

■図3.9 線種：ステップライン
・・・linewidth = 1, style = plot.style_stepline

■図3.10 線種：クロス
・・・linewidth = 5, style = plot.style_cross

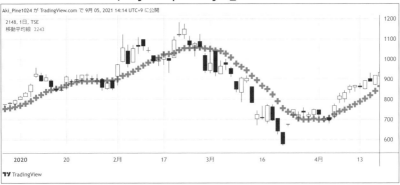

■図3.11 線種：円・・・linewidth = 5, style = plot.style_circles

これまでの説明を参考にして【リスト3.5】の9行目を修正しましょう。今回は、線の色を緑色の透明度50、太さを2に、線種をラインに設定します。

紙面の都合上改行されていますが、入力する際は改行せずに一行で書くことを想定しています。

9	`plot(MA, title = "移動平均線",`
	`  color = color.new(color.green, 50),`
	`  linewidth = 2, style = plot.style_line)`

□リスト3.6 線の属性を変更した後のプログラム

```
1  //@version=4
2  study(shorttitle = "移動平均線", title = "Moving Average",
    overlay = true)
3  // 変数を定義する
4  Source = close
5  Length = 10
6  // 関数を使用し計算する
7  MA = sma(Source, Length)
8  // プロットする
9  plot(MA, title = "移動平均線",
    color = color.new(color.green, 50),
    linewidth = 2, style = plot.style_line)
```

■図3.12 表示イメージ

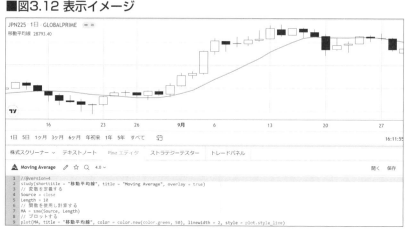

3.1.6 input関数でパラメーターを変更できるようにする

　移動平均線を表示できるようにはなりましたが、このままでは移動
平均線のソースや日数を変更したいときにプログラム自体を修正する
必要があります。

　そこで「input関数」を使ってプログラムを修正しなくても下記の
ように設定画面でパラメーターを変更できるようにします。

■図3.13 設定画面イメージ（input関数なし：左、あり：右）

■input関数

説明	設定画面から値を入力できるようにする
構文	input(defval, title, type, minval, maxval, confirm, step, options)
引数	defval（defvalまたはtypeのいずれか必須、任意の型） デフォルト値。typeを指定した場合その型と同じ形式にする必要があります。defvalまたはtypeで入力する値の型が決まります。 title（任意、定数の文字列型） インプットのタイトル。設定画面で名前が表示されます。 type（defvalまたはtypeのいずれか必須、定数の文字列型） ブール型、整数型、小数型、文字列型、ソース等、入力する型を指定します。 minval（任意、整数型または小数型） 入力する値の型が整数型または小数型のときに、入力できる最小値を指定します。 maxval（任意、整数型または小数型） 入力する値の型が整数型または小数型のときに、入力できる最大値を指定します。 confirm（任意、ブール型） 入力する値の型がソース以外の場合、trueにするとインジケーターをチャートに追加するときに確認ダイアログが表示されます。引数を指定しない場合は自動的にfalseになります。 step（任意、整数型または小数型） 入力する値の型が整数型または小数型の際に、入力テキストボックス横の増減ボタンを一度押したときに変化する値を指定します。引数を指定しない場合は自動的に1になります。 options（任意、整数型・小数型または文字列型のタプル） 入力する値の型が整数型、小数型または文字列型のときに、決められた値以外を入力できないようにします。
戻り値	設定画面で入力された値

・defval（defvalまたはtypeのいずれか必須、任意の型）

　デフォルト値を指定します。typeで指定した型と同じ形式にしないとエラーとなります。例えば、typeで整数型を指定したにもかか

わらず、defvalに小数を入れるとエラーとなります。

・title（任意、定数の文字列型）

　設定画面上で指定したタイトルが表示されます。

・type（defvalまたはtypeのいずれか必須、定数の文字列型）

　入力する値の型に該当する値を入力します。

■表3.4 型の定数一覧

型	値	入力例
ブール型	input.bool	true, false
整数型	input.integer	1, 10, 100
小数型	input.float	1.2, 2.45, 10.0
文字列型	input.string	"文字列"
ソース入力型	input.source	open, close
カラー型	input.color	color.red

・minval（任意、整数型または小数型）

　入力する値の型が整数型または小数型のときに、入力できる最小値を指定します。例えば、指標を計算する足の本数は0やマイナスが入力されると計算できずエラーとなります。minval = 1を設定しておくと、1より小さい数が入力できないため、このような間違った入力を防ぐことができます。

・maxval（任意、整数型または小数型）

　入力する値の型が整数型または小数型のときに、入力できる最大値を指定します。

・confirm（任意、ブール型）

入力する値の型がソース以外のときに、trueにするとインジケーターをチャートに追加するときに確認ダイアログが表示されます。入力する値の型がソースのときはエラーとなります。

・step（任意、整数型または小数型）

入力する値の型が整数型または小数型の際に、設定画面の入力テキストボックス横にある増減ボタンを押したときに変化する値を指定します。ただし、偶数のみを入力させる目的でstep = 2と設定しても、テキストボックスに３や７等の奇数の値を直接入力することが可能です。特定の値のみを入力させたい場合はoptionsを使います。

■図3.14 設定画面 整数の入力テキストボックス

本数　　　　　　10　　　　〈 〉

・options（任意、整数型・小数型または文字列型のタプル）

入力する値の型が整数型、小数型または文字列型のときに、決められた値以外の入力をできないようにします。決められた値はタプルで指定します。

変数は、１つの変数に対して１つの値しか入れることができませんが、**「タプル」は複数の値を入れることができます。タプルは括弧[ ]の中に、複数の値をコンマで区切って作成します。**

具体的に例を見てみましょう。

例１　整数型．５，10，50のタプル

```
options = [5, 10, 50]
```

例2 文字列型. "ロジックA", "ロジックB", "ロジックC"のタプル

```
options = ["ロジックA","ロジックB","ロジックC"]
```

例1は整数の5、10、50から選ぶ必要があり、例2は文字列の"ロジックA"、"ロジックB"、"ロジックC"から選ぶ必要があります。

これまでの説明を参考にして【リスト3.6】の3〜5行目を修正しましょう。3行目のコメントを、「変数を定義する」から「入力部分を作成する」に変更します。

```
3   // 入力部分を作成する
```

4行目で終値を代入する代わりにinput関数を使って選択できるようにします。タイトルを"ソース"に、タイプはソース（input.source）に、デフォルトは終値（close）に設定します。

```
4   Source = input(title = "ソース",
     type = input.source, defval = close)
```

5行目の足の本数10を代入する代わりに、input関数を使って整数を入力できるようにします。タイトルを"本数"に、タイプを整数（input.integer）に、デフォルトを10にします。

計算する足の本数なので、1より小さい値が入力されるとエラーになります。これを防ぐために、最小値を1に設定します。また、インジケーター追加時の確認ダイアログも表示させましょう。

```
5   Length = input(title = "本数",
     type = input.integer, defval = 10, minval = 1,
     confirm = true)
```

■図3.15 インジケーター追加時の確認ダイアログ

最後に、設定画面から移動平均線の色を変更できるようにしましょ
う。5行目と6行目の間に色を保存する変数を定義し、input関数で色
を選択できるようにします。

```
6   MAColor = input(title= "移動平均線の色",
    type = input.color, defval = color.green)
```

10行目のplot関数で、線の色を先ほど定義したMAColor変数に変
更すれば完成です。

```
10  plot(MA, title = "移動平均線",
    color = color.new(MAColor, 50), linewidth = 2,
    style = plot.style_line)
```

□リスト3.7 input関数追加後のプログラム

```
1   //@version=4
2   study(shorttitle = "移動平均線", title = "Moving Average",
      overlay = true)
3   // 入力部分を作成する
4   Source = input(title = "ソース",
      type = input.source, defval = close)
5   Length = input(title = "本数",
      type = input.integer, defval = 10, minval = 1,
      confirm = true)
6   MAColor = input(title= "移動平均線の色",
      type = input.color, defval = color.green)
7   // 関数を使用し計算する
8   MA = sma(Source, Length)
9   // プロットする
10  plot(MA, title = "移動平均線",
      color = color.new(MAColor, 50), linewidth = 2,
      style = plot.style_line)
```

■図3.16 表示イメージ

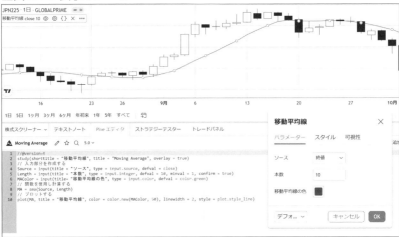

3.1.7 移動平均線の計算ロジックを切替できるようにする

　ここまでで移動平均線の価格ソースと足の数を設定画面で簡単に変更できるようにしました。ここからさらに、移動平均線の種類を「if文」を使って切り替えられるようにします。修正前の移動平均線は単純移動平均でしたが、他の計算ロジック（加重移動平均・指数平滑移動平均）に切り替えできるようにします。

　まずは、【リスト3.7】の3行目と4行目の間に、文字列を保存するための変数を定義し、input関数を使って"単純"、"加重"、"指数平滑"から選べるようにします。変数名は「Calculate」、デフォルトを単純移動平均にしたいので、"単純"にします。confirmをtrueにして、インジケーター追加時の確認画面を表示させます。

4	`Calculate = input(title = "種類", defval = "単純",` `options = ["単純", "加重", "指数平滑"], confirm = true)`

　しかしこれだけでは移動平均線の計算ロジックは切り替わりません。上の1文を追加した後の8行目と9行目を修正して、入力された文字列によって計算ロジックを切り替える必要があります。

　ロジックの切替は、if文を使います。if文は次のように書きます。

■ if文（条件式が1つの場合）

構文	`if 条件式` `␣␣␣␣条件式を満たすときに行う処理`

　条件式を満たすときに行う処理は、複数行にわたって書くことができます。**それらすべての行の先頭にTabまたは半角スペースを4つ入れる必要がある**ので注意してください。Tabまたは半角スペースを4つ入れないとエラーになります。

また、今回のように条件式が複数ある場合は、if文とあわせて「**else if文**」、「**else文**」が使えます。ifやelse if、elseの前にはTabまたは半角スペースは必要ありません。

■ if文（条件式が複数の場合）

構文	if 条件式1 ␣␣␣␣条件式1を満たすときに行う処理・・・Ⓐ else if 条件式2 ␣␣␣␣条件式2を満たすときに行う処理・・・Ⓑ else if 条件式3 ␣␣␣␣条件式3を満たすときに行う処理・・・Ⓒ else ␣␣␣␣条件式1〜3をすべて満たさないときに行う処理・・・Ⓓ

・条件式1を満たす場合 ⇒ Ⓐ が実行される

・条件式1を満たさず、条件式2を満たす場合 ⇒ Ⓑ が実行される

・条件式1と2を満たさず、条件式3を満たす場合 ⇒ Ⓒ が実行される

・条件式1〜3をすべて満たさない場合 ⇒ Ⓓ が実行される

　例では条件式を3つとしていますが、else ifを追加すると好きなだけ条件を追加することができます。else ifがなく「ifとelseのみ」、またはelseがなく「ifとelse ifのみ」で書くこともできます。

　また、今回のように変数に値を代入する場合は、以下のように書くこともできます。

■ if文（変数に値を代入する場合）

構文	変数名 = if 条件式1 ␣␣␣␣条件式1を満たすときに変数に入れる関数や値 else if 条件式2 ␣␣␣␣条件式2を満たすときに変数に入れる関数や値 else if 条件式3 ␣␣␣␣条件式3を満たすときに変数に入れる関数や値 else ␣␣␣␣条件式1〜3をすべて満たさないときに変数に入れる

今回は以下の4つの処理を、if文を使って条件分岐を行います。

・もし（if）Calculateの値が"単純"であれば、sma関数を使って計算する

・そうではなく、もし（else if）Calculateの値が"加重"であれば、wma関数を使って計算する

・どちらでもなければ（else）、ema関数を使って計算する

・計算結果を変数MAに入れる

・作成したいif文のイメージ

```
変数名MA = if 条件式 Calculateが"単純"のとき
    sma関数で単純移動平均を計算する
else if 条件式 Calculateが"加重"のとき
    wma関数で加重移動平均を計算する
else
    ema関数で指数平滑移動平均を計算する
```

「条件式を満たすときに行う（実行したい）処理」の先頭には、Tabまたは半角スペースを4つ入れることを忘れないでください。

選択肢は単純・加重・指数平滑のいずれかのため、単純でも加重でもなければ指数平滑であることが確定するので、最後はelseにしています。

Calculateの条件式は以下のようになります。

```
Calculate == "単純"
```

「==」は左辺と右辺が等しいことを示す演算子です。

wma関数とema関数は、sma関数と同じく、引数は計算するソースと計算するローソク足の本数になります。

wma(source, length)

ema(source, length)

あとは、条件式と計算式を作成すれば条件分岐は完成です。

8行目を以下のように置き換え、ロジックを切り替えられるようにします。

```
8   // ロジック切替
9   MA = if Calculate == "単純"
10      sma(Source, Length)
11  else if Calculate == "加重"
12      wma(Source, Length)
13  else
14      ema(Source, Length)
```

これで、設定画面から計算ロジックを選ぶことができます。

□リスト3.8 ロジック切替処理追加後のプログラム

```
1  //@version=4
2  study(shorttitle = "移動平均線", title = "Moving Average",
     overlay = true)
3  // 入力部分を作成する
4  Calculate = input(title = "種類", defval = "単純",
     options = ["単純", "加重", "指数平滑"], confirm = true)
5  Source = input(title = "ソース",
     type = input.source, defval = close)
6  Length = input(title = "本数",
     type = input.integer, defval = 10, minval = 1,
     confirm = true)
7  MAColor = input(title= "移動平均線の色",
     type = input.color, defval = color.green)
8  // ロジック切替
9  MA = if Calculate == "単純"
10     sma(Source, Length)
11 else if Calculate == "加重"
12     wma(Source, Length)
13 else
14     ema(Source, Length)
15 // プロットする
16 plot(MA, title = "移動平均線",
     color = color.new(MAColor, 50), linewidth = 2,
     style = plot.style_line)
```

■図3.17 表示イメージ

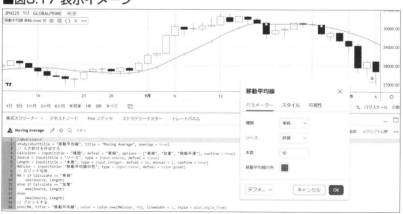

3.1.8 まとめ

　では、移動平均線の表示設定で行った作業をまとめます。

①バージョンの指定

②インジケーターのプロパティを設定

③コメント

④変数を定義し値を入力できるようにする

⑤ロジックに合わせて移動平均を計算

⑥移動平均線をプロットする

□リスト3.8 ロジック切替処理追加後のプログラム（詳細付きで再掲）

1	`//@version=4` ・・・①
2	`study(shorttitle = "移動平均線", title = "Moving Average",` `overlay = true)` ・・・②
3	`// 入力部分を作成する` ・・・③
4	`Calculate = input(title = "種類", defval = "単純",` `options = ["単純", "加重", "指数平滑"], confirm = true)`
5	`Source = input(title = "ソース",` `type = input.source, defval = close)`

6	`Length = input(title = "本数",`
	`type = input.integer, defval = 10, minval = 1,`
	`confirm = true)`

7	`MAColor = input(title= "移動平均線の色",` `type = input.color, defval = color.green)` ・・・④
8	`// ロジック切替` ・・・③
9	`MA = if Calculate == "単純"`
10	`    sma(Source, Length)`
11	`else if Calculate == "加重"`
12	`    wma(Source, Length)`
13	`else`
14	`    ema(Source, Length)` ・・・⑤
15	`// プロットする` ・・・③

16	`plot(MA, title = "移動平均線",`
	`color = color.new(MAColor, 50), linewidth = 2,`
	`style = plot.style_line)` ・・・⑥

3.2 RSIを作成する

　次にオシレーター系のインジケーターRSIをチャート上に表示する PineScriptを作成してみましょう。こちらも移動平均線と同様に、設定から以下の内容を自由に変更できるようにします。

　　・ソース（始値、高値、安値、終値）
　　・RSIの本数
　　・RSIシグナル（RSIの移動平均線）の表示・非表示
　　・RSIシグナルの本数

　RSIの計算ロジックを、関数を定義して作成します。また、三項演算子を使ってRSIシグナルの表示・非表示を切り替えます。三項演算子とは条件演算子の一つで、条件によって値を切り替えることができます。そのため、移動平均線の作成よりも少し難易度が上がります。

■図3.18 作成するRSI

■図3.19 RSIの設定画面（左：搭載RSI、右：作成RSI）

3.2.1 バージョン指定とコメント

【リスト3.2】を基に、RSIの作成を行います。

□リスト3.2 不要な行を削除した後のプログラム（再掲）

```
1  //@version=4
2  study("マイスクリプト")
3  plot(close)
```

■study関数（使用する引数のみ抜粋）

説明	インジケーターのプロパティを設定する
構文	study(title, shorttitle, precision)
引数	title（必須、定数の文字列型） 　長いタイトルを指定します。 shorttitle（任意、定数の文字列型） 　短いタイトルを指定します。 precision（任意、定数の整数型） 　表示する小数点桁数を指定します。
戻り値	なし

移動平均線と同じくstudy関数を使いますが、記述する引数が少し異なります。ローソク足とは別に表示させるため、overlayは指定しなくてもかまいません。

2行目でインジケーターのプロパティを設定します。長いタイトルを"Relative Strength Index"、短いタイトルを"RSI"に設定します。precisionを1にして、小数点以下第1位まで表示します。指定しないと小数点以下は表示されません。小数点以下第2位まで表示させる場合は2にします。

□リスト3.9 指標のタイトルを指定した後のプログラム

```
1  //@version=4
2  study(title = "Relative Strength Index",
    shorttitle = "RSI", precision = 1)
3  plot(close)
```

■図3.20 表示イメージ

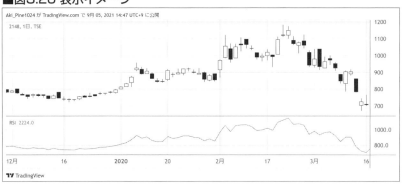

3.2.2 変数を定義する

【リスト3.9】を修正していきます。

2行目と3行目の間に変数を定義し、ソース、RSIの本数、RSIシグナル（RSIの移動平均線）の本数を変数に保存します。

```
3    // 変数を定義する
4    Source = close
5    RSI_Length = 12
6    RSI_Signal_Length = 12
```

□ **リスト3.10 変数を定義した後のプログラム**

```
1    //@version=4
2    study(title = "Relative Strength Index",
      shorttitle = "RSI", precision = 1)
3    // 変数を定義する
4    Source = close
5    RSI_Length = 12
6    RSI_Signal_Length = 12
7    plot(close)
```

3.2.3 RSIの計算ロジックを作成する

　RSIの計算ロジックを作成します。関数定義の方法を説明するため、既存のrsi関数を使わずに、ワイルダーRSIの計算式から関数を作成します。

　【リスト3.10】の6行目と7行目の間に関数を定義します。関数は以下のように定義します。

　関数名の後に括弧( )を書き、中に引数をコンマで区切って指定します。引数は好きなだけ追加することができます。

　括弧の後ろには「=>」を書く必要があります。その後、改行してTabもしくは半角スペースを4つ入れてから関数の処理を記入します。

構文	関数名(引数1, 引数2, …) =>
	␣␣␣␣関数の処理

　今回は以下のような関数を作成します。

説明	ワイルダーRSIをソースから求める
構文	Wilder_RSI(source, length)
引数	source(シリーズ) 　ワイルダーRSIを計算するソース。 length(整数型) 　計算するローソク足の本数。
戻り値	length本で計算したワイルダーRSI（シリーズ）

○Wilder_RSI計算式

RSI = plus ÷ (plus - minus) × 100

　　plus = length本の1本前の足との差がプラスの合計

　　minus = length本の1本前の足との差がマイナスの合計

　※RSIの分子は差が1本前の足との差の合計ですが、minusは負の値

　　が入るため、plus – minusにしています。

■計算例：source = close, length = 5 でcloseが以下の表のとき

n	close[n]	1本前の足との差
0（現在足）	100	1
1	99	3
2	96	-1
3	97	2
4	95	-2
5	97	―

○現在足でのRSI

　　1本前の足との差がプラスの合計　　：1 + 3 + 2 = 6

　　1本前の足との差がマイナスの合計：– 1 – 2 = – 3

　RSI：6 ÷ (6 – (– 3)) × 100 ≒ 66.67

コメント「関数を定義する」を追加した後、関数を定義します。

```
7   // 関数を定義する
8   Wilder_RSI(source, length) =>
```

　1本前の足との差を計算します。**シリーズの変数名の最後に[n]を
つけるとn本前の足の値になります。**何もつけないか、[0]とすると現
在足（最新の最も右のローソク足）となります。この後の関数の処理の
行の先頭には、Tabまたは半角スペースを4つ入れる必要があります。

```
9       delta = source - source[1]
```

　1本前の足との差「delta」のうち、プラスの合計を変数plusに、
マイナスの合計を変数minusに入れます。プラスの合計、マイナスの
合計を求めるときには三項演算子を使います。三項演算子を用いると、
条件を満たすときと満たさないときで、別の値を代入することができ
ます。

■三項演算子

構文	条件式 ? 条件式を満たすときの値 : 満たさないときの値

　三項演算子とは、条件に基づいて2つの値のうち1つを選択するも
のです。条件式に続いて疑問符「?」をつけ、条件式を満たす値とコ
ロン「:」が続き、条件を満たさない値がきます。
　ここでは、プラスの合計は1本前の足との差deltaがプラスのとき
はdelta、そうでないときは0を合計します。一方、マイナスの合計
は1本前の足との差deltaがマイナスのときはdelta、そうでないとき
は0を合計します。合計はsum関数を使って求めます。

■sum関数

説明	シリーズの数を指定し合計を求める
構文	sum(source, length)
引数	source(必須、小数型) 　合計を求めるソース。 length(必須、整数型) 　合計するシリーズの数。
戻り値	合計した値

　今回は、deltaのうちプラスのもののみを合計したいので、マイナスの値は三項演算子を使って0として合計します。同様に、マイナスのもののみを合計するときは、プラスの値を0として合計します。

```
10      plus = sum(delta > 0 ? delta : 0, length)
11      minus = sum(delta < 0 ? delta : 0, length)
```

　plusとminusを使ってWilder_RSIを計算します。

```
12      plus / (plus - minus) * 100
```

　コメント「関数を使用し計算する」を追加します。次に、定義したWilder_RSI関数を使い、RSIを計算します。関数は12行目で終わり、13行目からは関数ではないため、13行目以降は先頭の4つのスペースをつけてはいけません。

```
13   // 関数を使用し計算する
14   RSI = Wilder_RSI(Source, RSI_Length)
```

　14行目と15行目の間にコメント「プロットする」を追加します。次に、16行目のplotの変数をcloseから、計算したRSIに変更します。

15	// プロットする
16	plot(RSI)

□リスト3.11 RSI関数定義後のプログラム

```
1   //@version=4
2   study(title = "Relative Strength Index",
     shorttitle = "RSI", precision = 1)
3   // 変数を定義する
4   Source = close
5   RSI_Length = 12
6   RSI_Signal_Length = 12
7   // 関数を定義する
8   Wilder_RSI(source, length) =>
9       delta = source - source[1]
10      plus = sum(delta > 0 ? delta : 0, length)
11      minus = sum(delta < 0 ? delta : 0, length)
12      plus / (plus - minus) * 100
13  // 関数を使用し計算する
14  RSI = Wilder_RSI(Source, RSI_Length)
15  // プロットする
16  plot(RSI)
```

■図3.21 表示イメージ

3.2.4 sma関数を使用してRSIシグナルを計算する

RSIの単純移動平均を計算します。【リスト3.11】の14行目と15行目の間で、計算したRSIから単純移動平均を計算します。単純移動平均はsma関数を使い計算します。

■sma関数（再掲）

説明	単純移動平均をソースから求める
構文	`sma(source, length)`

引数	`source(`必須、小数型`)`
	　単純移動平均を計算するソース。
	
	`length(`必須、整数型`)`
	　計算するローソク足の本数。

戻り値	`length`本で計算した単純移動平均

```
15  RSI_Signal = sma(RSI, RSI_Signal_Length)
```

計算したRSIシグナルを最終行でプロットします。

```
18  plot(RSI_Signal)
```

□リスト3.12 RSIシグナル追加後のプログラム

```
1   //@version=4
2   study(title = "Relative Strength Index",
     shorttitle = "RSI", precision = 1)
3   // 変数を定義する
4   Source = close
5   RSI_Length = 12
6   RSI_Signal_Length = 12
7   // 関数を定義する
8   Wilder_RSI(source, length) =>
9       delta = source - source[1]
10      plus = sum(delta > 0 ? delta : 0, length)
11      minus = sum(delta < 0 ? delta : 0, length)
12      plus / (plus - minus) * 100
13  // 関数を使用し計算する
14  RSI = Wilder_RSI(Source, RSI_Length)
15  RSI_Signal = sma(RSI, RSI_Signal_Length)
16  // プロットする
17  plot(RSI)
18  plot(RSI_Signal)
```

■図3.22 表示イメージ

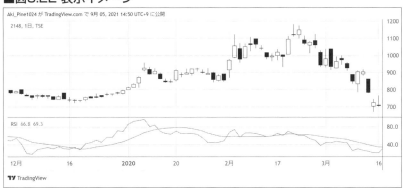

3.2.5 plot関数で線の属性を指定する

　plot関数でRSIとRSIシグナルの線の属性を指定します。【リスト3.12】の17行目と18行目のplot関数に、タイトルと線の種類・色・太

さを設定して見やすくします。

■plot関数（使用する引数のみ抜粋）

説明	シリーズの描画を行う
構文	plot(series, title, color, linewidth, style, editable)
引数	series（必須、シリーズ） 　描画するシリーズ。 title（任意、定数の文字列型） 　タイトル。設定画面で名前が表示されます。 color（任意、カラー型） 　線の色。 linewidth（任意、整数型） 　線の太さ。 style（任意、整数型） 　線の種類。 editable（任意、定数のブール型） 　線の色や種類等を設定画面から変更できるかを指定します。 　指定しないとtrueになります。
戻り値	塗りつぶしで使用できる描画オブジェクト

RSIを黒色、太さ2の線にします。

```
17  plot(RSI, title = "RSI", style = plot.style_line,
     color = color.black, linewidth = 2)
```

RSIシグナルをグレー、太さ1、線種等を変更不可にします。

```
18  plot(RSI_Signal, title = "RSIシグナル",
     style = plot.style_line, color = color.gray,
     linewidth = 1, editable = false)
```

□リスト3.13 線の属性変更後のプログラム

```
1   //@version=4
2   study(title = "Relative Strength Index",
     shorttitle = "RSI", precision = 1)
3   // 変数を定義する
4   Source = close
5   RSI_Length = 12
6   RSI_Signal_Length = 12
7   // 関数を定義する
8   Wilder_RSI(source, length) =>
9       delta = source - source[1]
10      plus = sum(delta > 0 ? delta : 0, length)
11      minus = sum(delta < 0 ? delta : 0, length)
12      plus / (plus - minus) * 100
13  // 関数を使用し計算する
14  RSI = Wilder_RSI(Source, RSI_Length)
15  RSI_Signal = sma(RSI, RSI_Signal_Length)
16  // プロットする
17  plot(RSI, title = "RSI", style = plot.style_line,
     color = color.black, linewidth = 2)
18  plot(RSI_Signal, title = "RSIシグナル",
     style = plot.style_line, color = color.gray,
     linewidth = 1, editable = false)
```

■図3.23 表示イメージ

3.2.6 input関数でパラメーターを変更できるようにする

input関数でソースとRSI、RSIシグナルの足の本数をダイアログボックスで変更できるようにしましょう。

■input関数（使用する引数のみ抜粋）

説明	設定画面から値を入力できるようにする
構文	`input(title, type, defval, minval, maxval)`
引数	`title`（任意、定数の文字列型） 　インプットのタイトル。設定画面で名前が表示されます。 `type`（defvalまたはtypeのいずれか必須、定数の文字列型） 　ブール型、整数型、小数型、文字列型、ソース等、入力する型を指定します。 `defval`（defvalまたはtypeのいずれか必須、任意の型） 　デフォルト値。typeを指定した場合、その型と同じ形式にする必要があります。typeまたはdefvalで入力する値の型が決まります。 `minval`（任意、整数型または小数型） 　入力する値の型が整数型または小数型のときに、入力できる最小値を指定します。 `maxval`（任意、整数型または小数型） 　入力する値の型が整数型または小数型のときに、入力できる最大値を指定します。

【リスト3.13】の3行目のコメントを、「変数を定義する」から「入力部分を作成する」に変更します。

3	`// 入力部分を作成する`

4行目の終値を代入する代わりにinput関数を使って選択できるようにします。タイトルを"ソース"に、タイプをソース(input.source)に、デフォルトは終値(close)に設定します。

```
4   Source = input(title = "ソース",
        type = input.source, defval = close)
```

　5行目を修正します。タイトルを"RSIの本数"にします。足の本数なので整数を入力できるようにします。ここではデフォルトを12とし、2〜20の間の整数を入力できるようにします。

```
5   RSI_Length = input(title = "RSIの本数",
        type = input.integer, defval = 12, minval = 2,
        maxval = 20)
```

　6行目も同様に修正します。タイトルは"RSIシグナルの本数"にします。それ以外は5行目と同じ設定です。

```
6   RSI_Signal_Length = input(title = "RSIシグナルの本数",
        type = input.integer, defval = 12, minval = 2,
        maxval = 20)
```

□リスト3.14 input関数追加後のプログラム

```
1   //@version=4
2   study(title = "Relative Strength Index",
     shorttitle = "RSI", precision = 1)
3   // 入力部分を作成する
4   Source = input(title = "ソース",
     type = input.source, defval = close)
5   RSI_Length = input(title = "RSIの本数",
     type = input.integer, defval = 12, minval = 2,
     maxval = 20)
6   RSI_Signal_Length = input(title = "RSIシグナルの本数",
     type = input.integer, defval = 12, minval = 2,
     maxval = 20)
7   // 関数を定義する
8   Wilder_RSI(source, length) =>
9       delta = source - source[1]
10      plus = sum(delta > 0 ? delta : 0, length)
11      minus = sum(delta < 0 ? delta : 0, length)
12      plus / (plus - minus) * 100
13  // 関数を使用し計算する
14  RSI = Wilder_RSI(Source, RSI_Length)
15  RSI_Signal = sma(RSI, RSI_Signal_Length)
16  // プロットする
17  plot(RSI, title = "RSI", style = plot.style_line,
     color = color.black, linewidth = 2)
18  plot(RSI_Signal, title = "RSIシグナル",
     style = plot.style_line, color = color.gray,
     linewidth = 1, editable = false)
```

■図3.24 表示イメージ

■図3.25 RSIの設定画面

3.2.7 RSIシグナルの表示・非表示を切替できるようにする

　input関数を使いチェックボックスを作成し、チェックボックスで
RSIシグナルの表示・非表示を切り替える処理を作成します。

　5行目と6行目の間にinput関数を作成し、チェックボックスでON/
OFFを選べるブール型を入力できるようにします。チェックボック
スをONにするとtrueが、OFFにするとfalseが変数に保存されます。

　チェックボックスに入力された値をisDisplayRSI_Signal変数に保存
します。タイトルは"RSIシグナルを表示する"、デフォルトをtrueに
します。

```
6   isDisplayRSI_Signal = input(title = "RSIシグナルを表示する",
    type = input.bool, defval = true)
```

　これだけでは表示・非表示の切り替えができないので、plot関数も
修正します。RSIシグナルをプロットした19行目を修正します。三項
演算子を使い、isDisplayRSI_Signalがtrueのときはcolor.new関数の

transpを 0 （完全に表示）に、falseのときは100（完全に透明）に設
定して、表示・非表示を切り替えます。

■color.new関数

説明	色に透明度を指定する
構文	`color.new(color, transp)`
引数	color（必須、定数のカラー型） 　透明度を指定したい色。 transp（必須、定数の整数型） 　透明度。0~100までの値を指定します。 　0は非透明、100は完全に透明（不可視）。
戻り値	透明度を指定したカラー型

```
19  plot(RSI_Signal, title = "RSIシグナル",
    style = plot.style_line,
    color = color.new(color.gray,
    isDisplayRSI_Signal ? 0 : 100),
    linewidth = 1, editable = false)
```

□リスト3.15 RSIシグナル表示切替処理追加後のプログラム

```
1   //@version=4
2   study(title = "Relative Strength Index",
     shorttitle = "RSI", precision = 1)
3   // 入力部分を作成する
4   Source = input(title = "ソース",
     type = input.source, defval = close)
5   RSI_Length = input(title = "RSIの本数",
     type = input.integer, defval = 12, minval = 2,
     maxval = 20)
6   isDisplayRSI_Signal = input(title = "RSIシグナルを表示する",
     type = input.bool, defval = true)
7   RSI_Signal_Length = input(title = "RSIシグナルの本数",
     type = input.integer, defval = 12, minval = 2,
     maxval = 20)
8   // 関数を定義する
9   Wilder_RSI(source, length) =>
10      delta = source - source[1]
11      plus = sum(delta > 0 ? delta : 0, length)
12      minus = sum(delta < 0 ? delta : 0, length)
13      plus / (plus - minus) * 100
14  // 関数を使用し計算する
15  RSI = Wilder_RSI(Source, RSI_Length)
16  RSI_Signal = sma(RSI, RSI_Signal_Length)
17  // プロットする
18  plot(RSI, title = "RSI", style = plot.style_line,
     color = color.black, linewidth = 2)
19  plot(RSI_Signal, title = "RSIシグナル",
     style = plot.style_line,
     color = color.new(color.gray,
     isDisplayRSI_Signal ? 0 : 100),
     linewidth = 1, editable = false)
```

■図3.26 表示イメージ

■図3.27 RSIの設定画面

3.2.8 まとめ

では、RSIの表示設定で行った作業をまとめます。

①バージョンの指定

②インジケーターのプロパティを設定する

③コメント

④変数を定義し値を入力できるようにする

⑤ワイルダーRSIの関数定義

⑥ワイルダーRSIとRSIシグナルを計算

⑦ワイルダーRSIとRSIシグナルをプロット

□リスト3.15 RSIシグナル表示切替処理追加後のプログラム（詳細付きで再掲）

```
1   //@version=4                                            ・・・①
2   study(title = "Relative Strength Index",
      shorttitle = "RSI", precision = 1)                    ・・・②
3   // 入力部分を作成する                                      ・・・③
4   Source = input(title = "ソース",
      type = input.source, defval = close)
5   RSI_Length = input(title = "RSIの本数",
      type = input.integer, defval = 12, minval = 2,
      maxval = 20)
6   isDisplayRSI_Signal = input(title = "RSIシグナルを表示する",
      type = input.bool, defval = true)
7   RSI_Signal_Length = input(title = "RSIシグナルの本数",
      type = input.integer, defval = 12, minval = 2,
      maxval = 20)                                          ・・・④
8   // 関数を定義する                                         ・・・③
9   Wilder_RSI(source, length) =>
10      delta = source - source[1]
11      plus = sum(delta > 0 ? delta : 0, length)
12      minus = sum(delta < 0 ? delta : 0, length)
13      plus / (plus - minus) * 100                         ・・・⑤
14  // 関数を使用し計算する                                   ・・・③
15  RSI = Wilder_RSI(Source, RSI_Length)
16  RSI_Signal = sma(RSI, RSI_Signal_Length)                ・・・⑥
17  // プロットする                                          ・・・③
18  plot(RSI, title = "RSI", style = plot.style_line,
      color = color.black, linewidth = 2)
19  plot(RSI_Signal, title = "RSIシグナル",
      style = plot.style_line,
      color = color.new(color.gray,
      isDisplayRSI_Signal ? 0 : 100),
      linewidth = 1, editable = false)                      ・・・⑦
```

　オシレーター系のインジケーターについては第5章でも詳しく解説していますので、そちらも参考にしてください。

3.2.9 計算結果の検証をする

　せっかく作成した指標も、値が違っていたら意味がありません。実運用で使う前に、必ず指標の値が正しいか、検証を行いましょう。

　結果の検証には2種類あります。

①いつも使っているソフトと同じ値か確かめる

②計算式が正しく入力されているか確かめる

①いつも使っているソフトと同じ値か確かめる

　証券会社が作成しているソフトやスマホアプリ、市販のチャートソフト等を使っている方も多いと思います。作成した指標が今まで使っていたチャートソフトと同じ値を示しているか確かめる必要があります。例えば、今まで証券会社のスマホアプリでRSIを表示していた場合、PineScript上でもスマホアプリと足の本数を同じにして、同じ銘柄、同じ時間軸、同じ足でのRSIの値が同じかどうかをチェックします。同じであればよいのですが、もし異なっていた場合は検証が必要です。特にRSIは複数の計算式があるので、場合によっては計算式を何種類か試して同じ値になるものを探す必要があります。

　また、ADXやATR等、指標に「アベレージ」が入っているものは注意が必要です。平均の値にする際に、単純移動平均を使っているのか、加重移動平均や指数移動平均を使っているのかで数値が大きく変わってしまいます。

②計算式が正しく入力されているか確かめる

　特にオリジナルの指標を作成するときに、計算式が正しく入力されて想定通りの値が表示されているかを確かめる必要があります。

　3.2.3項で計算例を表で示しました。エクセルを使っても、手書きでもかまわないので、指標を作ったら必ず一度は自分で計算を行い、表

示される数値をうのみにしないことが大切です。検証の際には計算するローソク足の本数を少なくすると、検証の手間が省けます。

コラム：リファレンスマニュアルを読もう

　私の運営するブログやTwitterで、「Pineスクリプト言語リファレンスマニュアルの見方がわからない。見方を教えてほしい」という質問を時々いただきます。

　プログラマであれば、リファレンスマニュアルのような変数・関数一覧を日常的に読みますが、プログラミング未経験の方がリファレンスマニュアルを読んでも、すぐに理解するのは難しいでしょう。

　「変数」「引数」「戻り値」等の専門用語が多く出てきて混乱するのも無理はありません。リファレンスマニュアル中の専門用語を以下のように読み換えると、理解しやすくなると思います。

変数：値を記憶する箱

変数の型：変数に記憶される値の種類

引数：関数に渡す値

戻り値：関数から戻ってくる値

　本書を読み進めて新しい関数が出てきたら、同時にリファレンスマニュアルの当該箇所を読んでみましょう。PineScriptをより深く理解できるようになります。また、リファレンスマニュアルにざっと目を通しておくと、意外な関数や変数があることに気づきます。

　まずは本書を読み、次にリファレンスマニュアルを読むことで、PineScriptを使いこなせるようになりましょう。

・Pineスクリプト言語リファレンスマニュアル

https://jp.tradingview.com/pine-script-reference/

第4章

インジケーターの表示を工夫する

本章では、前章で作成したインジケーターの色や線種を変えたり、特定の地点に吹きだしを表示して分かりやすくします。色や線種を変えるだけでチャート分析がしやすくなりますので、自分なりにいろいろと試してみましょう。

4.1 トレンド系指標の見せ方

　3.1節で作成した【リスト3.8】移動平均線のPineScriptを修正して、条件によって色を変えたり吹き出しを表示します。

　移動平均線の上昇・下落で線の色を変えたり、条件によってローソク足の背景や移動平均線と終値の間を塗りつぶしたり、条件を満たす地点に吹き出しを表示させることで実際にトレードを行うときに判断しやすくなります。なお画像は白黒ですが、実際の色はリストを入力して画面上で確認してください。

□リスト3.8 ロジック切替処理追加後のプログラム（再掲）

```
1  //@version=4
2  study(shorttitle = "移動平均線", title = "Moving Average",
    overlay = true)
3  // 入力部分を作成する
4  Calculate = input(title = "種類", defval = "単純",
    options = ["単純", "加重", "指数平滑"], confirm = true)
5  Source = input(title = "ソース",
    type = input.source, defval = close)
6  Length = input(title = "本数",
    type = input.integer, defval = 10, minval = 1,
    confirm = true)
7  MAColor = input(title= "移動平均線の色",
    type = input.color, defval = color.green)
8  // ロジック切替
9  MA = if Calculate == "単純"
10     sma(Source, Length)
11 else if Calculate == "加重"
12     wma(Source, Length)
13 else
14     ema(Source, Length)
15 // プロットする
16 plot(MA, title = "移動平均線",
    color = color.new(MAColor, 50), linewidth = 2,
    style = plot.style_line)
```

■図4.1 移動平均線とソースを比較して線の色を変えた例

■図4.2 移動平均線と終値の間を塗りつぶした例

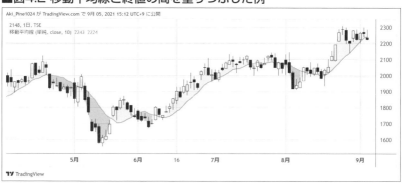

■図4.3 ゴールデンクロス・デッドクロスに吹き出しを表示した例

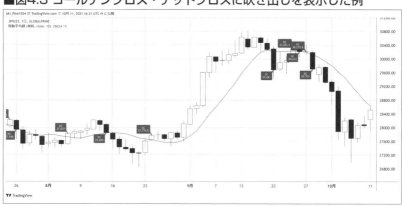

4.1.1 条件を満たすときにチャートの背景に色をつける

まずは、チャートの背景に色をつける「bgcolor関数」を【リスト 3.8】に追加します。

■bgcolor関数（使用する引数のみ抜粋）

説明	チャートの背景に色をつける
構文	bgcolor(title, color, offset)
引数	title（任意、定数の文字列型） 　タイトル。設定画面で名前が表示されます。 color（必須、カラー型） 　線の色。 offset（任意、整数型） 　指定した整数本ぶん右側のローソク足に色をつけます。
戻り値	なし

・color（必須、カラー型）

【リスト3.8】の最下行に以下の記述を追加して、背景色を青にします。内容についてのコメントも記述します。

```
17   // 背景色をつける
18   bgcolor(color = color.blue)
```

□リスト4.1 bgcolor関数を追加し背景を青色にしたプログラム

```
1   //@version=4
2   study(shorttitle = "移動平均線", title = "Moving Average",
     overlay = true)
3   // 入力部分を作成する
4   Calculate = input(title = "種類", defval = "単純",
     options = ["単純", "加重", "指数平滑"], confirm = true)
5   Source = input(title = "ソース",
     type = input.source, defval = close)
6   Length = input(title = "本数",
     type = input.integer, defval = 10, minval = 1,
     confirm = true)
7   MAColor = input(title= "移動平均線の色",
     type = input.color, defval = color.green)
8   // ロジック切替
9   MA = if Calculate == "単純"
10      sma(Source, Length)
11  else if Calculate == "加重"
12      wma(Source, Length)
13  else
14      ema(Source, Length)
15  // プロットする
16  plot(MA, title = "移動平均線",
     color = color.new(MAColor, 50), linewidth = 2,
     style = plot.style_line)
17  // 背景色をつける
18  bgcolor(color = color.blue)
```

■図4.4 表示イメージ

しかし、これではチャート全体の背景が青色になってしまいます。
そこで、下記条件に合わせて背景色を変更するようにします。
① 移動平均線とソースを比較して背景色を変更する
② ソースが移動平均線を上抜いた足（ゴールデンクロス）、ソースが
　移動平均線を下抜いた足（デッドクロス）の背景色を変更する

① 移動平均線とソースを比較して背景色を変更する

　移動平均線とソースを比較して、ソースのほうが高ければ背景色を
赤色に、ソースのほうが低ければ背景色を青色にするように修正しま
す。三項演算子を使ってMAとSourceを比較して、colorに代入する
値を変えます。

■三項演算子

構文	条件式 ？ 条件式を満たすときの値：満たさないときの値

　「移動平均線よりもソースのほうが大きければ赤色、そうでなけれ
ば青色」の条件式を三項演算子で書くと以下のようになります。

```
MA < Source ? color.red : color.blue
```

【リスト4.1】のbgcolor関数に条件式を追加します。

```
17  // 背景色をつける
18  bgcolor(color = MA < Source ? color.red : color.blue)
```

□リスト4.2 移動平均線と終値を比較して背景色を変更したプログラム

```
1   //@version=4
…      （リスト4.1と同じため省略）
17  // 背景色をつける
18  bgcolor(color = MA < Source ? color.red : color.blue)
```

■図4.5 表示イメージ

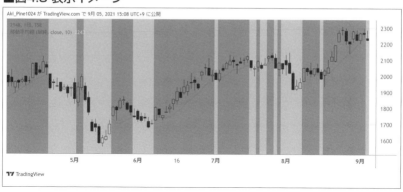

② ソースが移動平均線を上抜いた・下抜いた足の背景色を変更する

　1本前の移動平均線の値と、計算する足の移動平均線の値を比較します。ソースが移動平均線を上抜いた足の背景を赤色、下抜いた足の背景を青色、それ以外の足には背景色をつけない（透明）にします。今回は、あらかじめif文で条件ごとの色を変数に保存しておきます。

■作成したいif文のイメージ

```
変数名 = if 条件式 ソースが移動平均線を上抜いたとき
        赤色
else if 条件式 ソースが移動平均線を下抜いたとき
        青色
else
        透明（色なし）
```

　ソースが移動平均線を上抜いたときの条件式を作成してみましょう。考え方を整理します。

・計算する足の1本前ではソースのほうが移動平均線より小さい
・計算する足では移動平均線のほうがソースより小さい

ではプログラムで記述していきます。Source[1]（1本前のソースの値）と MA[1]（1本前の移動平均線の値）、Source（計算する足のソースの値）と MA（計算する足の移動平均線の値）を比較します。

```
Source[1] < MA[1] and MA < Source
```

　同様に、ソースが移動平均線を下抜いたときの条件式は

```
MA[1] < Source[1] and Source < MA
```

となります。

　変数名をBGColorとします。色は赤色がcolor.red、青色がcolor.blueです。透明はcolor.new関数を使用します。

■color.new関数（再掲）

説明	色に透明度を指定する
構文	color.new(color, transp)
引数	color（必須、定数のカラー型） 　　透明度を指定したい色。 transp（必須、定数の整数型） 　　透明度。0~100までの値を指定します。 　　0は非透明、100は完全に透明（不可視）。
戻り値	透明度を指定したカラー型

　透明にする場合は、指定する色は何色でもかまいません。今回は緑を入れて、透明度を100と記述します。
　17行目と18行目の間に、if文で色を指定する処理を追加します。if文に変数名、条件式、色を適用すると以下のようになります。

```
17 | // 背景色をつける
18 | BGColor = if Source[1] < MA[1] and MA < Source
19 |     color.red
20 | else if MA[1] < Source[1] and Source < MA
21 |     color.blue
22 | else
23 |     color.new(color.green, 100)
```

　24行目のbgcolor関数を修正して、背景をBGColor色に塗りつぶせば完成です。条件式はif文で書いたので、bgcolor関数を【リスト4.2】よりもシンプルに書くことができます。

```
24 | bgcolor(color = BGColor)
```

□リスト4.3 ソースが移動平均線を抜いた足に背景色をつけるプログラム

```
 1 | //@version=4
 … |     （リスト4.1と同じため省略）
17 | // 背景色をつける
18 | BGColor = if Source[1] < MA[1] and MA < Source
19 |     color.red
20 | else if MA[1] < Source[1] and Source < MA
21 |     color.blue
22 | else
23 |     color.new(color.green, 100)
24 | bgcolor(color = BGColor)
```

■図4.6 表示イメージ

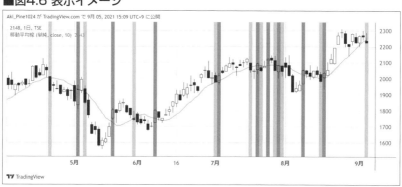

4.1.2 条件によって移動平均線の色を変える

　この項では、【リスト3.8】に戻って、描画の設定をするplot関数を修正して条件によって移動平均線の色を変更する記述をします。

　今回は、以下の2つの例を示します。

　① 移動平均線とソースを比較して線の色を変える

　② 移動平均線の上昇・下落で線の色を変える

① 移動平均線とソースを比較して線の色を変える

　移動平均線とソースを比較して、ソースのほうが上にあるときは赤色に、移動平均線のほうが上にあるときは青色にします。

　【リスト3.8】、16行目のplot関数のcolorを、三項演算子を使いMAとSourceを比較してcolorに代入する値を変えましょう。考え方は4.1.1項の【リスト4.2】と同じです。

【リスト3.8】の16行目

```
16  plot(MA, title = "移動平均線",
     color = color.new(MAColor, 50), linewidth = 2,
     style = plot.style_line)
```

```
16  plot(MA, title = "移動平均線",
     color = color.new(MA < Source ?
     color.red : color.blue, 50),
     linewidth = 2, style = plot.style_line)
```

　条件式で移動平均線の色を赤色または青色に指定したので、【リスト3.8】の7行目で記述した色の指定は削除します。

```
7   MAColor = input(title= "移動平均線の色",
     type = input.color, defval = color.green)
```

□リスト4.4 移動平均線とソースを比較して線の色を変えるプログラム

```
1   //@version=4
2   study(shorttitle = "移動平均線", title = "Moving Average",
    overlay = true)
3   // 入力部分を作成する
4   Calculate = input(title = "種類", defval = "単純",
    options = ["単純", "加重", "指数平滑"], confirm = true)
5   Source = input(title = "ソース",
    type = input.source, defval = close)
6   Length = input(title = "本数",
    type = input.integer, defval = 10, minval = 1,
    confirm = true)
7   // ロジック切替
8   MA = if Calculate == "単純"
9       sma(Source, Length)
10  else if Calculate == "加重"
11      wma(Source, Length)
12  else
13      ema(Source, Length)
14  // プロットする
15  plot(MA, title = "移動平均線",
    color = color.new(MA < Source ?
    color.red : color.blue, 50),
    linewidth = 2, style = plot.style_line)
```

■図4.7 表示イメージ（線の薄い部分が赤色、濃い部分が青色で描画されます）

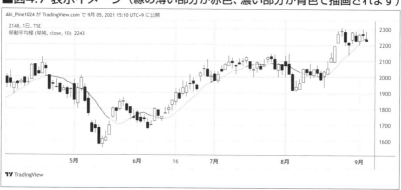

115

② 移動平均線の上昇・下落で線の色を変える

移動平均線が上昇したときは線を赤色に、下落したときは線を青色にします。

【リスト3.8】16行目のplot関数のcolorを、三項演算子を使いMA[1]（1本前の移動平均線の値）とMA（計算する足の移動平均線の値）を比較してcolorに代入する値を変えましょう。

```
16  plot(MA, title = "移動平均線",
    color = color.new(MA[1] < MA ?
    color.red : color.blue, 50),
    linewidth = 2, style = plot.style_line)
```

ここでも条件式で線の色を指定したので7行目を削除します。

□リスト4.5 移動平均線の上昇・下落で線の色を変えるプログラム

```
1   //@version=4
...     （リスト4.4と同じため省略）
15  plot(MA, title = "移動平均線",
    color = color.new(MA[1] < MA ?
    color.red : color.blue, 50),
    linewidth = 2, style = plot.style_line)
```

■図4.8 表示イメージ（線の薄い部分が赤色、濃い部分が青色で描画されます）

116

4.1.3 条件によって移動平均線とソース間を塗りつぶす

　移動平均線とソースの間を塗りつぶして、関係をわかりやすく表示します。プロットした2本の線の間を「fill関数」を使い塗りつぶします。

■fill関数

説明	plot1とplot2の間を塗りつぶす
構文	fill(plot1, plot2, color, title, editable, show_last)
引数	plot1（必須、プロット型） plot2（必須、プロット型） 　plot関数の戻り値を変数に入れたもの。 color（任意、カラー型） 　塗りつぶす色。 title（任意、定数の文字列型） 　タイトル。設定画面で名前が表示されます。 editable（任意、定数のブール型） 　塗りつぶしの色を設定画面から変更できるかを指定します。 　指定しないとtrueになります。 show_last（任意、整数型） 　現在足から何本塗りつぶすかを指定します。
戻り値	なし

　fill関数で塗りつぶすためには、plot関数の戻り値が必要です。【リスト3.8】の16行目、plot関数の戻り値を変数MAPlotに代入します。なおplot1、plot2、colorは引数の順番を構文通りにするとplot1 = のような引数の名前を省略できます。

【リスト3.8】の16行目

```
16  plot(MA, title = "移動平均線",
      color = color.new(MAColor, 50), linewidth = 2,
      style = plot.style_line)
```

⇓

```
16  MAPlot = plot(MA, title = "移動平均線",
      color = color.new(MAColor, 50), linewidth = 2,
      style = plot.style_line)
```

　fill関数はplot関数の戻り値が入った変数を2つ指定して、両者の間を塗りつぶす関数です。ですが【リスト3.8】では移動平均線の描画をしているだけで、ソースは描画していません。

　移動平均線とソースの間を塗りつぶすためには、plot関数でソースを描画する必要がありますが、描画するとソースが線で結ばれてしまいます。今回は、fill関数を使いplotとplotの間を塗りつぶしたいだけなので、線で結ぶ必要はありません。そこで、plot関数でソースを描画しつつ、color.new関数で透明度（transp）を100にして線を透明にして表示されないようにします。

```
17  SourcePlot = plot(Source,
      color = color.new(color.green, 100))
```

　これで、ソースをプロットしたplot関数の戻り値をSourcePlot変数に入れることができました。fill関数にプロット型のMAPlotとSourcePlotを指定します。

```
18  // 塗りつぶす
19  fill(MAPlot, SourcePlot, title = "塗りつぶし",
      color = MA < Source ?
      color.new(color.red, 80) :
      color.new(color.blue, 80))
```

□リスト4.6 条件によって移動平均線とソース間を塗りつぶすプログラム

```
1   //@version=4
2   study(shorttitle = "移動平均線", title = "Moving Average",
      overlay = true)
3   // 入力部分を作成する
4   Calculate = input(title = "種類", defval = "単純",
      options = ["単純", "加重", "指数平滑"], confirm = true)
5   Source = input(title = "ソース",
      type = input.source, defval = close)
6   Length = input(title = "本数",
      type = input.integer, defval = 10, minval = 1,
      confirm = true)
7   MAColor = input(title= "移動平均線の色",
      type = input.color, defval = color.green)
8   // ロジック切替
9   MA = if Calculate == "単純"
10      sma(Source, Length)
11  else if Calculate == "加重"
12      wma(Source, Length)
13  else
14      ema(Source, Length)
15  // プロットする
16  MAPlot = plot(MA, title = "移動平均線",
      color = color.new(MAColor, 50), linewidth = 2,
      style = plot.style_line)
17  SourcePlot = plot(Source,
      color = color.new(color.green, 100))
18  // 塗りつぶす
19  fill(MAPlot, SourcePlot, title = "塗りつぶし",
      color = MA < Source ?
      color.new(color.red, 80) :
      color.new(color.blue, 80))
```

■図4.9 表示イメージ

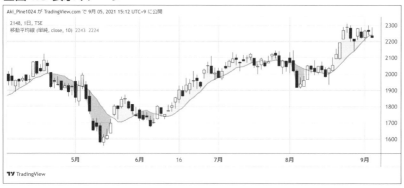

4.1.4 条件を満たすときにチャート上にラベルを表示する

　本項では「label.new関数」を使って、ソースが移動平均線を上抜いた足（ゴールデンクロス）、ソースが移動平均線を下抜いた足（デッドクロス）にラベルを表示します。

　ラベルとは、吹き出しや矢印等のマークに、文字（ラベルテキスト）を加えたものです。

■label.new関数

説明	ラベルオブジェクトを作成する
構文	`label.new(x, y, text, xloc, yloc, color,` `    style, textcolor, size, textalign, tooltip)`
引数	x（必須、シリーズ） 　横方向のラベル位置（バーインデックス）。 y（必須、シリーズ） 　高さ方向のラベル位置。 text（任意、文字列型） 　ラベルに表示するテキスト。 xloc（任意、文字列型） 　横方向のラベル位置の指定方法を選択します。 yloc（任意、文字列型） 　高さ方向のラベル位置の指定方法を選択します。 color（任意、カラー型） 　ラベルの色。 style（任意、文字列型） 　ラベルのスタイル。 textcolor（任意、カラー型） 　文字の色。 size（任意、文字列型） 　ラベルのサイズ。 textalign（任意、文字列型） 　ラベルテキストの位置。 tooltip（任意、文字列型） 　ラベルにカーソルを合わせると表示されるツールチップ 　の文字列。
戻り値	ラベルに値を設定するためのラベルIDオブジェクト

・x（必須、シリーズ）

　横方向のラベル位置（どこに表示させるか）を「バーインデックス」で指定します。バーインデックスとは、最古（いちばん左）の足を0とし、右方向に1, 2, …と番号をつけたものです。**最新足のバーインデックスはbar_indexで取得**できます。

後述のxlocをxloc.bar_indexにするとラベル位置バーインデックスを指定できます。この場合、xの値をbar_indexにすると、現在足にラベルが表示され、bar_index − 1 にすると現在足の 1 本前の足にラベルが表示されます。

・y（必須、シリーズ）

高さ方向のラベル位置を指定します。後述のylocをyloc.priceにした場合、ラベルを表示する位置を数値や終値等のシリーズで指定できます。

・text（任意、文字列型）

ラベルに表示するテキストを文字列で指定します。何も指定しないと空の文字列になり、文字列は表示されません。

・xloc（任意、文字列型）

横方向のラベル位置の指定方法を選択します。

xlocをxloc.bar_timeにするとラベル位置を時間で指定できますが、本書では日足より短い足については扱わないので、xloc.bar_indexを指定します。

■表4.1 横方向のラベル位置

種類	説明
xloc.bar_index	現在足からのバーの本数で指定する
xloc.bar_time	時間で指定する

・yloc（任意、文字列型）

高さ方向のラベル位置の指定方法を選択します。

■表4.2 高さ方向のラベル位置

種類	説明
yloc.price	価格で指定する
yloc.abovebar	バーの上に指定する
yloc.belowbar	バーの下に指定する

・color（任意、カラー型）

　ラベルの色を指定します。

・style（任意、文字列型）

　ラベルのスタイルを指定します。次ページにスタイルの一覧を掲載します。label.style_labelで始まるものは、ラベルの中にテキストが表示されます。

■表4.3 ラベルスタイル一覧

種類	表示例	種類	表示例
label.style_ none		label.style_ flag	
label.style_ label_up		label.style_ xcross	
label.style_ label_down		label.style_ cross	
label.style_ label_left		label.style_ triangleup	
label.style_ label_right		label.style_ triangledown	
label.style_ label_lower_ left		label.style_ arrowup	
label.style_ label_lower_ right		label.style_ arrowdown	
label.style_ label_upper_ left		label.style_ circle	
label.style_ label_upper_ right		label.style_ square	
label.style_ label_center		label.style_ diamond	

・textcolor（任意、カラー型）

　文字の色を指定します。

・size（任意、文字列型）

　ラベルのサイズを指定します。

■表4.4 ラベルのサイズ一覧

種類	説明
size.auto	自動
size.tiny	極小
size.small	小
size.normal	普通
size.large	大
size.huge	極大

・textalign（任意、文字列型）

ラベルテキストの配置を指定します。

■表4.5 ラベルテキストの位置一覧

種類	説明
text.align_left	左揃え
text.align_center	中央揃え
text.align_right	右揃え

・tooltip（任意、文字列型）

ラベルの上にマウスカーソルを合わせたときに表示されるツールチップの文字列を指定します。指定しない場合、ツールチップは表示されません。

まずはゴールデンクロス・デッドクロスを気にせず、すべての足にテキストとラベルを表示させてみましょう。

【リスト3.8】に「label.new関数」を追加します。必須の引数であるxとy、表示させるテキストを指定するtextのみを指定して、画面にラベルを表示します。

125

xは計算する足を意味するbar_index、yはclose、textはゴールデンクロスを意味する"GC"とします。

```
17   // ラベルを表示する
18   label.new(x = bar_index, y = close, text = "GC")
```

□リスト4.7 label.new関数を追加したプログラム

```
1    //@version=4
2    study(shorttitle = "移動平均線", title = "Moving Average",
     overlay = true)
3    // 入力部分を作成する
4    Calculate = input(title = "種類", defval = "単純",
     options = ["単純", "加重", "指数平滑"], confirm = true)
5    Source = input(title = "ソース",
     type = input.source, defval = close)
6    Length = input(title = "本数",
     type = input.integer, defval = 10, minval = 1,
     confirm = true)
7    MAColor = input(title = "移動平均線の色",
     type = input.color, defval = color.green)
8    // ロジック切替
9    MA = if Calculate == "単純"
10       sma(Source, Length)
11   else if Calculate == "加重"
12       wma(Source, Length)
13   else
14       ema(Source, Length)
15   // プロットする
16   plot(MA, title = "移動平均線",
     color = color.new(MAColor, 50), linewidth = 2,
     style = plot.style_line)
17   // ラベルを表示する
18   label.new(x = bar_index, y = close, text = "GC")
```

■図4.10 表示イメージ

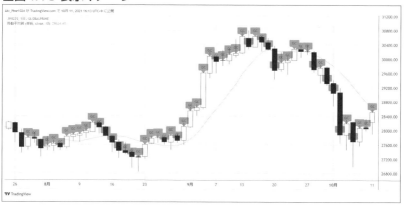

【リスト4.7】を実行すると、現在足から数えて50個のラベルが表示されました。ラベルは標準では最大で50個までしか表示されません。そこで、study関数にmax_labels_count引数を指定して、最大で500個までのラベルを表示できるようにします。詳細は3.1.2項のstudy関数の説明をご覧ください。もしも、ラベルの表示に時間がかかる場合は、ラベルの表示数を減らしてみるとよいでしょう。

```
2   study(shorttitle = "移動平均線",
        title = "Moving Average", overlay = true,
        max_labels_count = 500)
```

【リスト4.7】では単純にlabel.new関数にx、y、textのみを指定しました。ここからtextにゴールデンクロスの条件式を追加したり、styleやcolor等を指定していきます。それらをすべて1行で書いてもよいのですが、プログラムが見にくくなり間違いが生じやすくなるため、今回はlabel.set関数を使い、**複数行に分けて引数を指定します**。

label.set関数を使用するため、まずはlabel.new関数の戻り値を変数GCLabelに代入します。

```
18   GCLabel = label.new(x = bar_index, y = close,
     text = "GC")
```

label.set関数を使って18行目を2行に分けます。ラベルテキストを指定する関数をlabel.set_text関数を使って指定してみましょう。

説明	ラベルに表示するテキストを指定する
構文	label.set_text(id, text)
引数	id（必須、ラベルIDオブジェクト） 　　値を設定するラベルのIDオブジェクト。 text（必須、文字列型） 　　ラベルに表示するテキスト。

```
18   GCLabel = label.new(x = bar_index, y = close)
19   label.set_text(GCLabel, "GC")
```

label.set関数には、今回使用したlabel.set_text関数以外にも以下のような関数があります。

説明	横方向のラベル位置を指定する
構文	label.set_x(id, x)
引数	id（必須、ラベルIDオブジェクト） 　　値を設定するラベルのIDオブジェクト。 x（必須、シリーズ） 　　横方向のラベル位置（バーインデックス）。

説明	高さ方向のラベル位置を指定する
構文	label.set_y(id, y)
引数	id（必須、ラベルIDオブジェクト） 　　値を設定するラベルのIDオブジェクト。 y（必須、シリーズ） 　　高さ方向のラベル位置。

説明	横と高さ方向のラベル位置を同時に指定する
構文	`label.set_xy(id, x, y)`
引数	id（必須、ラベルIDオブジェクト） 値を設定するラベルのIDオブジェクト。 x（必須、シリーズ） 横方向のラベル位置（バーインデックス）。 y（必須、シリーズ） 高さ方向のラベル位置。

説明	横方向のラベル位置とラベルの指定方法を指定する
構文	`label.set_xloc(id, x, xloc)`
引数	id（必須、ラベルIDオブジェクト） 値を設定するラベルのIDオブジェクト。 x（必須、シリーズ） 横方向のラベル位置（バーインデックス）。 xloc（必須、文字列型） 横方向のラベル位置の指定方法。

説明	高さ方向のラベルの指定方法を指定する
構文	`label.set_yloc(id, yloc)`
引数	id（必須、ラベルIDオブジェクト） 値を設定するラベルのIDオブジェクト。 yloc（必須、文字列型） 高さ方向のラベル位置の指定方法。

説明	ラベルの色を指定する
構文	`label.set_color(id, color)`
引数	id（必須、ラベルIDオブジェクト） 値を設定するラベルのIDオブジェクト。 color（必須、カラー型） ラベルの色。

説明	ラベルのスタイルを指定する
構文	`label.set_style(id, style)`
引数	id（必須、ラベルIDオブジェクト） 　値を設定するラベルのIDオブジェクト。 style（必須、文字列型） 　ラベルのスタイル。

説明	ラベルテキストの色を指定する
構文	`label.set_textcolor(id, textcolor)`
引数	id（必須、ラベルIDオブジェクト） 　値を設定するラベルのIDオブジェクト。 textcolor（必須、カラー型） 　テキストの色。

説明	ラベルのサイズを指定する
構文	`label.set_size(id, size)`
引数	id（必須、ラベルIDオブジェクト） 　値を設定するラベルのIDオブジェクト。 size（必須、文字列型） 　ラベルのサイズ。

説明	ラベルテキストの位置を指定する
構文	`label.set_textalign(id, textalign)`
引数	id（必須、ラベルIDオブジェクト） 　値を設定するラベルのIDオブジェクト。 textalign（必須、文字列型） 　ラベルテキストの位置。

説明	ツールチップの文字列を指定する
構文	`label.set_tooltip(id, tooltip)`
引数	id（必須、ラベルIDオブジェクト） 　値を設定するラベルのIDオブジェクト。 tooltip（必須、文字列型） 　ラベルにカーソルを合わせると表示されるツールチップ 　の文字列。

　次に、ゴールデンクロスの地点にのみラベルを表示させるようにし

ます。18行目に三項演算子を使い、ゴールデンクロスした地点のみ
ラベルを表示するようにします。ゴールデンクロスの条件式は4.1.1項
「ソースが移動平均線を上抜いた・下抜いた足の背景色を変更する」
で紹介した、ソースが移動平均線を上抜いたときの条件式と同じです。

```
Source[1] < MA[1] and MA < Source
```

| 18 | GCLabel = label.new(x = Source[1] < MA[1] and MA < Source ? bar_index : na, y = close) |
| 19 | label.set_text(GCLabel, "GC") |

□リスト4.8 ラベルに条件式を指定したプログラム

1	//@version=4
2	study(shorttitle = "移動平均線", title = "Moving Average", overlay = true, max_labels_count = 500)
…	（リスト4.7と同じため省略）
18	GCLabel = label.new(x = Source[1] < MA[1] and MA < Source ? bar_index : na, y = close)
19	label.set_text(GCLabel, "GC")

■図4.11 表示イメージ

　ゴールデンクロスを意味する文字列"GC"が表示されたラベルが、
ゴールデンクロスの地点にのみ表示されるようになりました。

次に、ラベルのスタイルをlabel.style_label_lower_rightにします（ラベルのスタイル一覧は【表4.3】を参照）。

```
20 | label.set_style(GCLabel,
     |   label.style_label_lower_right)
```

□リスト4.9 ラベルに条件式を指定したプログラム

```
1  | //@version=4
…  |    （リスト4.8と同じため省略）
18 | GCLabel = label.new(x = Source[1] < MA[1]
   |   and MA < Source ? bar_index : na, y = close)
19 | label.set_text(GCLabel, "GC")
20 | label.set_style(GCLabel,
   |   label.style_label_lower_right)
```

■図4.12 表示イメージ

あとに追記するデッドクロスのラベルと見分けやすいようにするために、テキストの色とラベルの色とサイズを指定します。テキストの色は「label.set_textcolor関数」、ラベルの色は「label.set_color関数」、ラベルのサイズは「label.set_size関数」で指定します。

テキストの色を白、ラベルの色を赤、ラベルのサイズを小にします。

```
21 | label.set_textcolor(GCLabel, color.white)
22 | label.set_color(GCLabel, color.red)
23 | label.set_size(GCLabel, size.small)
```

□リスト4.10 テキストの色とラベルの色とサイズを指定したプログラム

```
 1 | //@version=4
 … |     （リスト4.9と同じため省略）
18 | GCLabel = label.new(x = Source[1] < MA[1]
   |  and MA < Source ? bar_index : na, y = close)
19 | label.set_text(GCLabel, "GC")
20 | label.set_style(GCLabel,
   |  label.style_label_lower_right)
21 | label.set_textcolor(GCLabel, color.white)
22 | label.set_color(GCLabel, color.red)
23 | label.set_size(GCLabel, size.small)
```

■図4.13 表示イメージ

このままではラベルと"GC"の文字が表示されるだけなので、19行目を修正して、ラベルを表示した足の終値も一緒に表示させてみましょう。

"GC"と終値の間は改行します。文字列中に「\n」を入れると、その場所で改行されます。また、文字列同士を「+」でつなぐと、結合することができます。例えば"GC" と "G" + "C" は、どちらも同じ表示になります。しかし終値は数値なので、そのまま + でつなぐとエラ

ーとなってしまいます。そこで数値を文字列に変換してから + でつなぐ必要があります。変換は「tostring関数」で行います。

■tostring関数

説明	数値などを文字列に変換する
構文	tostring(x, y)
引数	x（必須、整数型、小数型、ブール型、文字列型のいずれか） 変換前の数値等。 y（任意、文字列型） 書式指定文字。
戻り値	変換後の文字列

・x（必須、整数型、小数型、ブール型、文字列型のいずれか）

closeやMA等のシリーズ、数値など変換したい値を指定します。

・y（任意、文字列型）

「書式指定文字」とは、コンマの有無と小数点以下何桁まで表示するかを指定するための文字列です。コンマ（,）、ピリオド（.）、シャープ（#）、ゼロ（0）を使います。

書式指定文字と変換後の戻り値の例を表で示します。

■表4.6 書式指定文字と変換後の戻り値の例

例	変換前の数値(x)	書式指定文字(y)	変換後の数値
1	123456789	"#,###"	123,456,789
2	9.876	"#.##"	9.88
3	9.876	"#.###"	9.876
4	9.876	"#.####"	9.876
5	9.876	"#.00"	9.88
6	9.876	"#.000"	9.876
7	9.876	"#.0000"	9.8760
8	9876.543	"#,###.#"	9,876.5
9	9876.543	"#,###.00000"	9,876.54300

・コンマで区切られた数値に変換したい場合：コンマ（,）

　例1）"#,###"にすると3桁ごとにコンマで区切られた数値になる

・小数点以下の桁数を調整したい場合：ピリオド（.）とシャープ（#）

　例2）"#.##"にすると、小数点第3位で四捨五入された小数点以下2桁の数値になる

・例3）ピリオド以下の#の数で、小数点以下の桁数を指定する

・例4）変換前の数値の小数点の桁数より多い数の#を入れても、変換前の数値の小数点の桁数のまま

・小数点以下の桁数を調整するとき：シャープ（#）の代わりにゼロ（0）を使うこともできる

・例5）変換前の小数点の桁数より少ない数のゼロ（0）を入れた場合、変換後の数値はシャープ（#）と同じ

・例7）変換前の小数点の桁数より多い数の0を入れると、変換後の小数点の桁数は書式指定文字の小数点の桁数と同じになり、足りない桁は0で埋められる

・例8、9）コンマと小数点以下の桁数を同時に指定することも可能

・yを指定しない：自動的に"#.#########"として変換される

　今回は、コンマありかつ小数点以下第1位まで表示します。ラベル

に表示させる文字列は以下のようになります。

```
"GC\n" + tostring(close, "#,###.#")
```

19行目を修正します。

```
19   label.set_text(GCLabel, "GC\n" +
     tostring(close, "#,###.#"))
```

□リスト4.11 ラベルに終値を追加したプログラム

```
1    //@version=4
…        （リスト4.10と同じため省略）
18   GCLabel = label.new(x = Source[1] < MA[1]
     and MA < Source ? bar_index : na, y = close)
19   label.set_text(GCLabel, "GC\n" +
     tostring(close, "#,###.#"))
20   label.set_style(GCLabel,
     label.style_label_lower_right)
21   label.set_textcolor(GCLabel, color.white)
22   label.set_color(GCLabel, color.red)
23   label.set_size(GCLabel, size.small)
```

■図4.14 表示イメージ

同様に、ソースが移動平均線を下抜いた足（デッドクロス）にラベ

ルを表示させましょう。「label.new関数」を新たに作成して、ラベル
に値を設定するためのラベルIDオブジェクトを変数DCLabelに代入
します。

　デッドクロスの条件式は4.1.1項「ソースが移動平均線を上抜いた・
下抜いた足の背景色を変更する」で紹介したように、ソースが移動平
均線を下抜いたときの条件式と同じです。

```
MA[1] < Source[1] and Source < MA
```

```
24  DCLabel = label.new(x = MA[1] < Source[1]
      and Source < MA ? bar_index : na, y = close)
```

　textはデッドクロスを意味する"DC"と終値の値、styleをlabel.
style_label_upper_rightに、テキストの色を白、ラベルの色を青、ラ
ベルのサイズを小にします。

```
25  label.set_text(DCLabel, "DC\n" +
      tostring(close, "#,###.#"))
26  label.set_style(DCLabel, label.style_label_upper_right)
27  label.set_textcolor(DCLabel, color.white)
28  label.set_color(DCLabel, color.blue)
29  label.set_size(DCLabel, size.small)
```

□リスト4.12 デッドクロスのラベルを追加したプログラム

1	`//@version=4`
…	（リスト4.11と同じため省略）
18	`GCLabel = label.new(x = Source[1] < MA[1]` `and MA < Source ? bar_index : na, y = close)`
19	`label.set_text(GCLabel, "GC\n" +` `tostring(close, "#,###.#"))`
20	`label.set_style(GCLabel,` `label.style_label_lower_right)`
21	`label.set_textcolor(GCLabel, color.white)`
22	`label.set_color(GCLabel, color.red)`
23	`label.set_size(GCLabel, size.small)`
24	`DCLabel = label.new(x = MA[1] < Source[1]` `and Source < MA ? bar_index : na, y = close)`
25	`label.set_text(DCLabel, "DC\n" +` `tostring(close, "#,###.#"))`
26	`label.set_style(DCLabel, label.style_label_upper_right)`
27	`label.set_textcolor(DCLabel, color.white)`
28	`label.set_color(DCLabel, color.blue)`
29	`label.set_size(DCLabel, size.small)`

■図4.15 表示イメージ

　これでゴールデンクロス、デッドクロスの足にラベルを表示させる
ことができました。

4.1.5 条件を満たすときにチャート上にシェイプを表示する

　「plotshape関数」を使って、ソースが移動平均線を上抜いた足（ゴールデンクロス）、ソースが移動平均線を下抜いた足（デッドクロス）にシェイプを表示します。

　ラベルのように図形とテキストを表示できますが、**シェイプはテキストに定数しか指定できない**ため、表示させたい文字列を関数内で直接指定する必要があります。ラベルのように、数値の入った変数をtostring関数で文字列にして表示させることはできません。また、ラベルにはカーソルを合わせると文字列が表示されるツールチップがありましたが、それもありません。

　一方、ラベルとは異なりシェイプは表示されるまでの時間が短い上に、表示数に制限がありません（ラベルは最大500個まで）。過去のチャートを見る際に表示数に制限があると不便なので、価格などを吹き出しで表示したいとき以外は、極力シェイプを使うことをオススメします。

説明	シェイプを作成する
構文	plotshape(series, title, style, location, color, offset, text, textcolor, editable, size)
引数	series（必須、シリーズ） シェイプの表示有無もしくは高さ方向のシェイプの表示位置。 title（任意、定数の文字列型） タイトル。設定画面で名前が表示されます。 style（任意、文字列型） シェイプのスタイル。 location（任意、文字列型） 高さ方向のシェイプの位置。 color（任意、カラー型） シェイプの色。 offset（任意、整数型） 指定した整数本ぶん右側のローソク足にシェイプを表示する。 text（任意、定数の文字列型） シェイプに表示するテキスト。 textcolor（任意、カラー型） テキストの色。 editable（任意、定数のブール型） シェイプの種類や色などを設定画面から変更できるかを指定します。指定しないとtrueになります。 size（任意、文字列型） シェイプの大きさ。
戻り値	なし

　seriesからcolorまでは、引数の順番を構文通りにするとseries = のような引数の名前を省略できます。

・series（必須、シリーズ）

　後述の引数 locationがlocation.absolute以外の場合、ブール型のシリーズを指定して、ローソク足ごとにシェイプの表示・非表示を指定します。

　locationがlocation.absoluteの場合、数値のシリーズを指定して、シェイプの高さ方向の位置を指定します。単に数値のシリーズを指定しただけでは、すべての足にシェイプが表示されてしまうので、表示したい足以外の値を三項演算子などで「na」にする必要があります。

・title（任意、定数の文字列型）

　titleを指定しなくてもチャート上の見た目に変化はありませんが、設定画面上で指定したタイトルが表示されます。

・style（任意、文字列型）

　シェイプのスタイルを指定します。

■表4.7 シェイプのスタイル

種類	表示例	種類	表示例
shape.labelup		shape.xcross	
shape.labeldown		shape.cross	
shape.arrowup		shape.triangleup	
shape.arrowdown		shape.triangledown	
shape.circle		shape.flag	
shape.square			

・location（任意、文字列型）

　高さ方向のシェイプの位置を指定します。

■表4.8 高さ方向のシェイプの位置

種類	説明
location.abovebar	ローソク足の上
location.belowbar	ローソク足の下
location.top	チャート表示画面の上側
location.bottom	チャート表示画面の下側
location.absolute	seriesで指定した数値

・color（任意、カラー型）
シェイプの色を指定します。

・offset（任意、整数型）
指定した整数本分右側の足にシェイプを表示します。

・text（任意、定数の文字列型）
シェイプに表示するテキストを文字列で指定します。何も指定しないと空の文字列になり、文字列は表示されません。

・textcolor（任意、カラー型）
文字の色を指定します。

・editable（任意、定数のブール型）
「editable」とは編集可能という意味です。線の種類や値を編集不可にしたい場合はfalseにします。

・size（任意、文字列型）
シェイプのサイズを指定します。

■表4.9 シェイプのサイズ

種類	説明
size.auto	自動
size.tiny	極小
size.small	小
size.normal	普通
size.large	大
size.huge	極大

　まずは4.1.4項と同様にゴールデンクロス、デッドクロスを考慮せず、すべての足にテキストとシェイプを表示させます。

　【リスト3.8】にplotshape関数を追加して、終値の位置に下向きの吹き出しを表示させます。textはゴールデンクロスを意味する"GC"、シェイプの色は赤、文字の色は白、サイズは大にします。

```
17  // シェイプを表示する
18  plotshape(close, style = shape.labeldown,
      location = location.absolute, text = "GC",
      color = color.red, textcolor = color.white,
      size = size.large)
```

□リスト4.13 plotshape関数を追加したプログラム

```
1    //@version=4
2    study(shorttitle = "移動平均線", title = "Moving Average",
     overlay = true)
3    // 入力部分を作成する
4    Calculate = input(title = "種類", defval = "単純",
     options = ["単純", "加重", "指数平滑"], confirm = true)
5    Source = input(title = "ソース",
     type = input.source, defval = close)
6    Length = input(title = "本数",
     type = input.integer, defval = 10, minval = 1,
     confirm = true)
7    MAColor = input(title= "移動平均線の色",
     type = input.color, defval = color.green)
8    // ロジック切替
9    MA = if Calculate == "単純"
10       sma(Source, Length)
11   else if Calculate == "加重"
12       wma(Source, Length)
13   else
14       ema(Source, Length)
15   // プロットする
16   plot(MA, title = "移動平均線",
     color = color.new(MAColor, 50), linewidth = 2,
     style = plot.style_line)
17   // シェイプを表示する
18   plotshape(close, style = shape.labeldown,
     location = location.absolute, text = "GC",
     color = color.red, textcolor = color.white,
     size = size.large)
```

144

■図4.16 表示イメージ

　すべての足にシェイプが表示されました。次にゴールデンクロスの
足のみにラベルを表示させましょう。

　17行目と18行目の間にラベルを表示する位置のシリーズを作成し
ます。ゴールデンクロスした地点の値はcloseに、そうでない地点の
値はnaとして、ゴールデンクロスした地点のみシェイプを表示しま
す。ゴールデンクロスの条件式は4.1.1項「ソースが移動平均線を上抜
いた・下抜いた足の背景色を変更する」で記載したように、ソースが
移動平均線を上抜いたときの条件式と同じです。

```
17  // シェイプを表示する
18  GCShape = Source[1] < MA[1] and MA < Source ?
    close : na
19  plotshape(GCShape, style = shape.labeldown,
    location = location.absolute, text = "GC",
    color = color.red, textcolor = color.white,
    size = size.large)
```

□リスト4.14 シェイプに条件式を追加したプログラム

```
 1   //@version=4
 …      （リスト4.13と同じため省略）
17   // シェイプを表示する
18   GCShape = Source[1] < MA[1] and MA < Source ?
     close : na
19   plotshape(GCShape, style = shape.labeldown,
     location = location.absolute, text = "GC",
     color = color.red, textcolor = color.white,
     size = size.large)
```

■図4.17 表示イメージ

　同様に、デッドクロスの足のみにラベルを表示させるplotshape関数を新たに作成します。

　終値の位置に上向きの吹き出しを表示させます。textはデッドクロスを意味する"DC"とします。シェイプの色は青、文字の色は白、サイズは大にします。デッドクロスの条件式は4.1.1項「ソースが移動平均線を上抜いた・下抜いた足の背景色を変更する」で記載したように、ソースが移動平均線を下抜いたときの条件式と同じです。

20	DCShape = MA[1] < Source[1] and Source < MA ? close : na
21	plotshape(DCShape, style = shape.labelup, location = location.absolute, text = "DC", color = color.blue, textcolor = color.white, size = size.large)

□リスト4.15 シェイプに条件式を追加したプログラム

1	//@version=4
…	（リスト4.14と同じため省略）
17	// シェイプを表示する
18	GCShape = Source[1] < MA[1] and MA < Source ? close : na
19	plotshape(GCShape , style = shape.labeldown, location = location.absolute, text = "GC", color = color.red, textcolor = color.white, size = size.large)
20	**DCShape = MA[1] < Source[1] and Source < MA ? close : na**
21	**plotshape(DCShape, style = shape.labelup, location = location.absolute, text = "DC", color = color.blue, textcolor = color.white, size = size.large)**

■図4.18 表示イメージ

　これで、ラベルと同様、ゴールデンクロスとデッドクロスの地点に吹き出しを表示させることができました。

4.2 オシレーター系指標の見せ方

　3.2節で作成したRSIを描画するPineScript【リスト3.15】を修正して、実際にトレードを行うときに売買のサインをわかりやすく工夫します。

■図4.19 RSIを高さ方向0〜100までに固定して表示した例

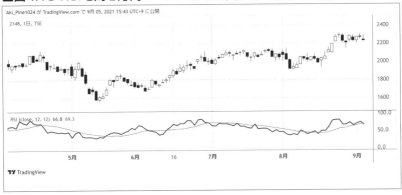

■図4.20 RSIをヒストグラム表示した例

□リスト3.15 RSIシグナル表示切替処理追加後のプログラム（再掲）

```
1   //@version=4
2   study(title = "Relative Strength Index",
      shorttitle = "RSI", precision = 1)
3   // 入力部分を作成する
4   Source = input(title = "ソース",
      type = input.source, defval = close)
5   RSI_Length = input(title = "RSIの本数",
      type = input.integer, defval = 12, minval = 2,
      maxval = 20)
6   isDisplayRSI_Signal = input(title = "RSIシグナルを表示する",
      type = input.bool, defval = true)
7   RSI_Signal_Length = input(
      title = "RSIシグナルの本数", type = input.integer,
      defval = 12, minval = 2, maxval = 20)
8   // 関数を定義する
9   Wilder_RSI(source, length) =>
10      delta = source - source[1]
11      plus = sum(delta > 0 ? delta : 0, length)
12      minus = sum(delta < 0 ? delta : 0, length)
13      plus / (plus - minus) * 100
14  // 関数を使用し計算する
15  RSI = Wilder_RSI(Source, RSI_Length)
16  RSI_Signal = sma(RSI, RSI_Signal_Length)
17  // プロットする
18  plot(RSI, title = "RSI", style = plot.style_line,
      color = color.black, linewidth = 2)
19  plot(RSI_Signal, title = "RSIシグナル",
      style = plot.style_line,
      color = color.new(color.gray,
      isDisplayRSI_Signal ? 0 : 100),
      linewidth = 1, editable = false)
```

4.2.1 水平線を引く

　RSIは30以下で売られ過ぎ、70以上で買われ過ぎと考え、30と70に
線を引いて、売られ過ぎ・買われ過ぎをひと目でわかるようにします。
値を指定して水平線を引く「hline関数」を【リスト3.15】に追加します。

149

■hline関数

説明	値を指定して水平線を引く
構文	`hline(price, title, color, linestyle, linewidth, editable)`
引数	`price`（必須、定数の小数型） 水平線を引く値。 `title`（任意、定数の文字列型） タイトル。設定画面で名前が表示されます。 `color`（必須、定数のカラー型） 線の色。 `linestyle`（任意、整数型） 線の種類。 `linewidth`（任意、整数型） 線の太さ。 `editable`（任意、ブール型） `false`にすると書式ダイアログで線の色や種類等を編集できなくなります。何も指定しないと`true`になります。
戻り値	塗りつぶしで使用できる描画オブジェクト

　引数の順番を構文通りにすると price = のような引数の名前を省略できます。

　また、前節で紹介したfill関数の引数 plot1、plot2（plot関数の戻り値）をhline1、hline2（hline関数の戻り値）にすると、2本の水平線の間を使い塗りつぶすことができます。plot同士、fill同士の塗りつぶしはできますが、plotとhlineの間を塗りつぶすことはできません。

・price（**必須、定数の小数型**）

　水平線を引く値を指定します。今回はRSIが30と70のところに水平線を引くので、30と70を指定します。

・title（**任意、定数の文字列型**）

　設定画面で名前が表示されます。

・color（必須、定数のカラー型）

線の色を指定します。

・linestyle（任意、整数型）

線の種類を指定します。

■表4.10 水平線の種類の定数一覧

定数	名前	表示例
hline.style_solid	実線	———————
hline.style_dotted	点線	・・・・・・・・・・・
hline.style_dashed	破線	‐‐‐‐‐‐‐‐‐‐‐

・linewidth（任意、整数型）

線の太さを整数で指定します。何も指定しないと1で、数字を大きくすればするほど線が太くなります。

・editable（任意、ブール型）

線の種類や値を編集されたくない場合はfalseにします。

ではまずは30の位置に水平線を引き、タイトルをRSI30、色を青色、線を実線、太さを1にします。【リスト3.15】の最下行に以下の1行を追加します。

```
20   hline(30, title = "RSI30", color = color.blue,
         linestyle = hline.style_solid, linewidth = 1)
```

同様に、70の位置に水平線を引きます。タイトルをRSI70、色を赤色、線を実線、太さを1にします。以下の1行を追加します。

```
21 │ hline(70, title = "RSI70", color = color.red,
   │ linestyle = hline.style_solid, linewidth = 1)
```

□リスト4.16 水平線を追加したプログラム

```
1  │ //@version=4
2  │ study(title = "Relative Strength Index",
   │ shorttitle = "RSI", precision = 1)
3  │ // 入力部分を作成する
4  │ Source = input(title = "ソース",
   │ type = input.source, defval = close)
5  │ RSI_Length = input(title = "RSIの本数",
   │ type = input.integer, defval = 12, minval = 2,
   │ maxval = 20)
6  │ isDisplayRSI_Signal = input(
   │ title = "RSIシグナルを表示する",
   │ type = input.bool, defval = true)
7  │ RSI_Signal_Length = input(
   │ title = "RSIシグナルの本数", type = input.integer,
   │ defval = 12, minval = 2, maxval = 20)
8  │ // 関数を定義する
9  │ Wilder_RSI(source, length) =>
10 │     delta = source - source[1]
11 │     plus = sum(delta > 0 ? delta : 0, length)
12 │     minus = sum(delta < 0 ? delta : 0, length)
13 │     plus / (plus - minus) * 100
14 │ // 関数を使用し計算する
15 │ RSI = Wilder_RSI(Source, RSI_Length)
16 │ RSI_Signal = sma(RSI, RSI_Signal_Length)
17 │ // プロットする
18 │ plot(RSI, title = "RSI", style = plot.style_line,
   │ color = color.black, linewidth = 2)
19 │ plot(RSI_Signal, title = "RSIシグナル",
   │ style = plot.style_line,
   │ color = color.new(color.gray,
   │ isDisplayRSI_Signal ? 0 : 100),
   │ linewidth = 1, editable = false)
20 │ hline(30, title = "RSI30", color = color.blue,
   │ linestyle = hline.style_solid, linewidth = 1)
21 │ hline(70, title = "RSI70", color = color.red,
   │ linestyle = hline.style_solid, linewidth = 1)
```

■図4.21 表示イメージ

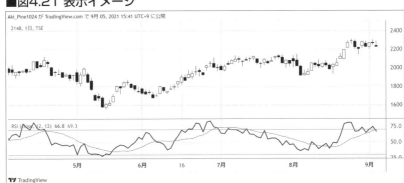

　RSIが30の位置に青色の水平線が、70の位置に赤色の水平線が追加されました。

4.2.2 表示レンジを固定する

　RSIは0～100の値となりますが、そのままplot関数を使って描画しただけでは表示レンジの下限が0、上限が100となりません（図3.26）。そこで、hline関数を使い0と100の地点に透明の水平線を引いて、表示レンジを0～100で固定します。さらに、表示レンジを固定するかしないかを設定画面のチェックボックスで選択できるようにします。

■図3.26 3.2節で作成したRSI（再掲）

【リスト3.15】の7行目と8行目の間にレンジを固定するかを選択す
るチェックボックスを作成します。チェックボックスの作り方は3.2.7
項と同じです。チェックボックスに入力された値をisFixedRange変
数に保存します。タイトルは"レンジを固定する"として、インジケー
ター追加時にレンジを固定しておきたいので、デフォルトをtrueにし
ます。

```
8   isFixedRange = input(title = "レンジを固定する",
    type = input.bool, defval = true)
```

次に、hline関数を使って0の地点に水平線を引きます。線の色は
透明で、値や線の種類を変更できないようにするため、editableを
falseにします。

```
21  hline(0, title = "0ライン",
    color = color.new(color.blue,100), editable = false)
```

ただし、このままではチェックボックスに入力された値にかかわら
ず、0の地点に水平線が引かれてしまいます。三項演算子を使い、
isFixedRangeがtrueのときは水平線を0に、falseのときはnaに引く

ようにします。naはNaN値といい、数値ではありません。naを指定
するということは、水平線を引かないことと同じです。21行目を修
正しましょう。

```
21  hline(isFixedRange ? 0 : na, title = "0ライン",
    color = color.new(color.blue,100), editable = false)
```

同様に、100の地点に水平線を引きます。

```
22  hline(isFixedRange ? 100 : na, title = "100ライン",
    color = color.new(color.blue,100), editable = false)
```

□リスト4.17 表示レンジを固定できるようにしたプログラム

```
1   //@version=4
2   study(title = "Relative Strength Index",
      shorttitle = "RSI", precision = 1)
3   // 入力部分を作成する
4   Source = input(title = "ソース",
      type = input.source, defval = close)
5   RSI_Length = input(title = "RSIの本数",
      type = input.integer, defval = 12, minval = 2,
      maxval = 20)
6   isDisplayRSI_Signal = input(
      title = "RSIシグナルを表示する",
      type = input.bool, defval = true)
7   RSI_Signal_Length = input(
      title = "RSIシグナルの本数", type = input.integer,
      defval = 12, minval = 2, maxval = 20)
8   isFixedRange = input(title = "レンジを固定する",
      type = input.bool, defval = true)
9   // 関数を定義する
10  Wilder_RSI(source, length) =>
11      delta = source - source[1]
12      plus = sum(delta > 0 ? delta : 0, length)
13      minus = sum(delta < 0 ? delta : 0, length)
14      plus / (plus - minus) * 100
15  // 関数を使用し計算する
16  RSI = Wilder_RSI(Source, RSI_Length)
17  RSI_Signal = sma(RSI, RSI_Signal_Length)
18  // プロットする
19  plot(RSI, title = "RSI", style = plot.style_line,
      color = color.black, linewidth = 2)
20  plot(RSI_Signal, title = "RSIシグナル",
      style = plot.style_line,
      color = color.new(color.gray,
      isDisplayRSI_Signal ? 0 : 100),
      linewidth = 1, editable = false)
21  hline(isFixedRange ? 0 : na, title = "0ライン",
      color = color.new(color.blue,100), editable = false)
22  hline(isFixedRange ? 100 : na, title = "100ライン",
      color = color.new(color.blue,100), editable = false)
```

■図4.22 表示イメージ

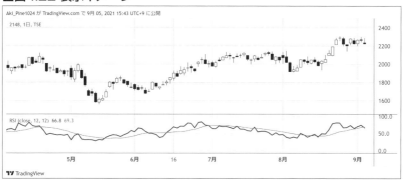

■図4.23 レンジ固定チェックボックス設定前（左）と設定後（右）

　「□レンジを固定する」のチェックをONにすると、RSIが0と100の位置に透明の水平線が追加され、表示されている範囲のRSIの最大値・最小値にかかわらず、0～100のレンジで表示されます。

4.2.3 ヒストグラム表示

　RSIをヒストグラム（棒グラフ）で表示してみましょう。50を中心に、50より大きければ棒グラフが上に、50より小さければ棒グラフが

下に伸びていきます。

　ヒストグラムで表示するのは、RSIが50より大きいか小さいかを見るためです。そのため、RSIシグナルは標準では表示しないようにします。【リスト3.15】の6行目を修正し、defvalをfalseにします。

| 6 | `isDisplayRSI_Signal = input(title = "RSIシグナルを表示する",`
`type = input.bool, defval = false)` |

　18行目を修正し、線の種類をヒストグラムにするために、styleをplot.style_histogramにします。

　棒グラフの中心を50にするため、histbaseを50にします。RSIがhistbase（今回は50）より大きいと上向き、小さいと下向きに表示されます。

　棒グラフの色をRSIが50以上のときは赤色、50より小さいときは青色にするために、三項演算子を使い、条件式で色を変更します。

| 18 | `plot(RSI, title = "RSI",`
`style = plot.style_histogram, histbase = 50,`
`color = RSI < 50 ? color.blue : color.red,`
`linewidth = 2)` |

□リスト4.18 RSIをヒストグラム表示にしたプログラム

```
1   //@version=4
2   study(title = "Relative Strength Index",
     shorttitle = "RSI", precision = 1)
3   // 入力部分を作成する
4   Source = input(title = "ソース",
     type = input.source, defval = close)
5   RSI_Length = input(title = "RSIの本数",
     type = input.integer, defval = 12, minval = 2,
     maxval = 20)
6   isDisplayRSI_Signal = input(title = "RSIシグナルを表示する",
     type = input.bool, defval = false)
7   RSI_Signal_Length = input(
     title = "RSIシグナルの本数", type = input.integer,
     defval = 12, minval = 2, maxval = 20)
8   // 関数を定義する
9   Wilder_RSI(source, length) =>
10      delta = source - source[1]
11      plus = sum(delta > 0 ? delta : 0, length)
12      minus = sum(delta < 0 ? delta : 0, length)
13      plus / (plus - minus) * 100
14  // 関数を使用し計算する
15  RSI = Wilder_RSI(Source, RSI_Length)
16  RSI_Signal = sma(RSI, RSI_Signal_Length)
17  // プロットする
18  plot(RSI, title = "RSI",
     style = plot.style_histogram, histbase = 50,
     color = RSI < 50 ? color.blue : color.red,
     linewidth = 2)
19  plot(RSI_Signal, title = "RSIシグナル",
     style = plot.style_line, color = color.new(color.gray,
     isDisplayRSI_Signal ? 0 : 100), linewidth = 1,
     editable = false)
```

■図4.24 表示イメージ

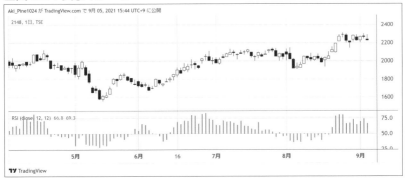

第5章

さまざまなインジケーターを作成する

本章では、メジャーなインジケーターを作成します。それぞれのインジケーターの概要や計算式を紹介した後、PineScriptを行ごとに解説していきます。不明な関数などが出てきたら、前章で確認してください。

5.1 ローソク足と一緒に表示するインジケーター

5.1節ではローソク足と一緒に表示するインジケーターを紹介します。インジケーターの概要や見方、計算式、画像による表示例、PineScriptのコード例、コード例の解説の順に説明します。

まずは一度、自分の手でPineScriptを作成した後、自分好みに色や値を変えたり、ロジックを改善してみましょう。

■図5.1 一目均衡表

■図5.2 n本のハイ・ロー

5.1.1 エンベロープ

•インジケーターの概要

　「**エンベロープ**」とは、**現在の価格が移動平均線からどの程度離れ
ているのかを見るためのもの**です。現在の価格が移動平均線から大き
く乖離しても、いずれは価格が移動平均線付近に戻ってくることを考
えて逆張りエントリーすることができます。

　また、価格がエンベロープに沿って推移しているときは、上昇もし
くは下落トレンドが継続していると考えられます。

•計算式

上の線：移動平均線の値×（1＋乖離率÷100）

下の線：移動平均線の値×（1－乖離率÷100）

■図5.3 エンベロープ

□リスト5.1 エンベロープ

```
1   //@version=4
2   study("エンベロープ", overlay = true)
3   // 入力部分を作成する
4   Source = input(type = input.source,
     title = "ソース", defval = close)
5   Length = input(type = input.integer,
     title = "本数", defval = 10, minval = 1)
6   DR1 = input(type = input.float,
     title = "乖離率1（単位：%）",
     defval = 5.0, minval = 0)
7   DR2 = input(type = input.float,
     title = "乖離率2（単位：%）",
     defval = 10.0, minval = 0)
8   // 計算する
9   MA = sma(Source, Length)
10  Upper1 = MA * (1 + DR1 / 100)
11  Upper2 = MA * (1 + DR2 / 100)
12  Lower1 = MA * (1 - DR1 / 100)
13  Lower2 = MA * (1 - DR2 / 100)
14  // プロットする
15  plot(Upper2, title = "乖離率＋2",
     color = color.new(color.red, 70))
16  plot(Upper1, title = "乖離率＋1",
     color = color.new(color.red, 30))
17  plot(MA, title = "移動平均線",
     color = color.purple)
18  plot(Lower1, title = "乖離率－1",
     color = color.new(color.blue, 30))
19  plot(Lower2, title = "乖離率－2",
     color = color.new(color.blue, 70))
```

•PineScript解説

1行目

PineScriptのバージョンを指定します。

2行目

study関数[1]でタイトルを指定します。

1　3.1.2項参照

3〜7行目

input関数[1]で入力部分を作成します。

4行目はソースの入力部分です。type = input.sourceでソースを入力
させるようにします。defval = closeで標準の値をclose、つまり終
値に設定します。

5行目は計算する足の本数の入力部分です。type = input.integerで整
数を入力させます。defval = 10で標準の値を10に設定します。また、
足の本数に0やマイナスの値を入力できないようにするため、
minval = 1とし、1より小さい値を入力できないようにします。

6行目、7行目は移動平均線からの乖離率の入力部分です。minval =
0とし、0より小さい値を入力できないようにします。

8〜13行目

移動平均線と、移動平均線から乖離率ぶん離れたシリーズを作成し
ます。乖離率の単位は%なので100で割っています。

9行目は移動平均線を計算します。

10行目は移動平均線から乖離率1（%）ぶん上に離れたシリーズを作
成します。

11行目は移動平均線から乖離率2（%）ぶん上に離れたシリーズを作
成します。

12行目も同様に移動平均線から乖離率1（%）ぶん下に離れたシリー
ズを作成します。

13行目は移動平均線から乖離率2（%）ぶん下に離れたシリーズを作
成します。

14〜19行目

plot関数[2]を使い、9〜13行目で求めた移動平均線とエンベロープ

1　3.1.6項参照

2　3.1.5項参照

をプロットします。乖離率１（％）ぶん上に離れたシリーズのタイトルを乖離率＋１、乖離率１（％）ぶん下に離れたシリーズのタイトルを乖離率−１としています。

　乖離率＋２、乖離率＋１、移動平均線、乖離率−１、乖離率−２の順にプロットしているのは、設定画面上で表示される順番と、チャート上に表示される順番を合わせるためです。

■図5.4 エンベロープの設定画面

5.1.2 ボリンジャーバンド

•インジケーターの概要

　「ボリンジャーバンド」とは、**過去の終値の変動から標準偏差（ボラティリティ）を計算し、将来の価格の変動範囲を予測する**ものです。移動平均線の上下に、倍率をかけた標準偏差σぶん離れた線を引きます。

　移動平均線の上下に標準偏差を加えた範囲（±１σ）に価格が収まる確率は68.3％。同様に、移動平均線の上下に２倍の標準偏差を加え

た範囲（±2σ）に価格が収まる確率は95.5%、移動平均線の上下に
3倍の標準偏差を加えた範囲（±3σ）に価格が収まる確率は99.7%
です。

　今回は移動平均線とボリンジャーバンド±1σ、±2σ、±3σの
合計7本の線を引きます。

・計算式

移動平均線の値±n×標準偏差

移動平均線から上下にn倍の標準偏差ぶん離れたところの値を求める。

■図5.5 ボリンジャーバンド

□リスト5.2 ボリンジャーバンド

```
1    //@version=4
2    study("ボリンジャーバンド", overlay = true)
3    // 入力部分を作成する
4    Source = input(type = input.source,
     title = "ソース", defval = close)
5    Length = input(type = input.integer,
     title = "本数", defval = 10, minval = 1)
6    // 関数を定義する
7    MA = sma(Source, Length)
8    SD = stdev(Source, Length)
9    BB(n) => MA + n * SD
10   // 関数を使用し計算する
11   BBplus1 = BB(1)
12   BBplus2 = BB(2)
13   BBplus3 = BB(3)
14   BBminus1 = BB(-1)
15   BBminus2 = BB(-2)
16   BBminus3 = BB(-3)
17   // プロットする
18   plot(BBplus3, title = "+3sigma",
      color = color.new(color.red, 70))
19   plot(BBplus2, title = "+2sigma",
      color = color.new(color.red, 50))
20   plot(BBplus1, title = "+1sigma",
      color = color.new(color.red, 30))
21   plot(MA, title = "BaseLine",
      color = color.purple)
22   plot(BBminus1, title = "-1sigma",
      color = color.new(color.blue, 30))
23   plot(BBminus2, title = "-2sigma",
      color = color.new(color.blue, 50))
24   plot(BBminus3, title = "-3sigma",
      color = color.new(color.blue, 70))
```

•PineScript解説

1行目

PineScriptのバージョンを指定します。

2行目

study関数[1]でタイトルを指定します。

3〜5行目

input関数[2]で入力部分を作成します。

4行目はソースの入力部分です。type = input.sourceでソースを入力
させるようにします。defval = closeで標準の値をclose、つまり終
値に設定します。

5行目は計算する足の本数の入力部分です。type = input.integerで整
数を入力させます。defval = 10で標準の値を10に設定します。また、
足の本数に０やマイナスの値を入力できないようにするため、
minval = 1とし、１より小さい値を入力できないようにします。

6〜9行目

移動平均線と、移動平均線から乖離率ぶん離れたシリーズを作成し
ます。

7行目はsma関数[3]で単純移動平均を計算します。

8行目はstdev関数を使い、標準偏差を計算します。

■stdev関数

説明	標準偏差をソースから求める
構文	stdev(source, length)
引数	source(必須、小数型) 　標準偏差を計算するソース。 length(必須、整数型) 　計算するローソク足の本数。
戻り値	length本で計算した標準偏差

9行目は移動平均線と標準偏差から、ボリンジャーバンドを計算する

1　3.1.2項参照

2　3.1.6項参照

3　3.1.4項参照

関数を定義します。関数内でsma関数とstdev関数を使用すると、ボリンジャーバンドを計算する関数を使用するたびにsma関数とstdev関数が実行されるので、わずかではあるものの計算に時間がかかってしまいます。そのため、あらかじめ関数外でsma関数とstdev関数を使用しておき、計算結果を使ってボリンジャーバンドを計算します。引数に整数nを指定し、標準偏差に倍率nをかけます。

10～16行目

9行目で定義した関数を使用し、+3σ～−3σまでのボリンジャーバンドを計算します。

17～24行目

plot関数[1]を使い、11～16行目で求めた移動平均線とボリンジャーバンドをプロットします。

5.1.3 ハイ・ローバンド

•インジケーターの概要

「ハイ・ローバンド」とは、**過去Length本の高値と安値をプロット**し、過去Length本中の最高値・最安値と現在足の高値・安値を比較したり、高値・安値のブレイクを確認する指標です。また、高値と安値の中心値の方向で、現在のトレンドの向きを確認することもできます。

•計算式

・ハイバンド

過去Length本の高値のうち最も大きい値

1　3.1.5項参照

・ローバンド

　過去Length本の安値のうち最も小さい値

・中心線

　ハイバンドとローバンドの平均

■図5.6 ハイ・ローバンド

□リスト5.3 ハイ・ローバンド

```
1   //@version=4
2   study(shorttitle = "HLバンド",
      title = "ハイ・ローバンド", overlay = true)
3   // 入力部分を作成する
4   Length = input(title = "本数",
      type = input.integer, defval = 12, minval = 2)
5   // 最高値・最安値・中心値を計算
6   HighSeries = highest(high, Length)
7   LowSeries = lowest(low, Length)
8   Center = avg(HighSeries, LowSeries)
9   // 計算したシリーズをプロット
10  plot(HighSeries, title = "ハイバンド",
      color = color.red)
11  plot(Center, title = "中心線",
      color = color.green)
12  plot(LowSeries, title = "ローバンド",
      color = color.blue)
```

•PineScript解説

1行目

　PineScriptのバージョンを指定します。

2行目

　study関数[1]でタイトルを指定します。

3〜4行目

　input関数[2]で入力部分を作成します。minval = 2とし、2より小さい値を入力できないようにします。

5〜8行目

　6行目ではhighest関数で過去length本の最高値を、7行目ではlowest関数で過去length本の最安値を求めます。8行目はavg関数で最安値・最高値の平均値を求めます。

■highest関数

説明	ソースから最高値を求める
構文	highest(source, length)
引数	source(必須、小数型) 　最高値を計算するソース。 length(必須、整数型) 　最高値を求めるローソク足の本数。
戻り値	length本で計算した最高値

■lowest関数

説明	ソースから最安値を求める
構文	lowest(source, length)
引数	source(必須、小数型) 　最安値を計算するソース。 length(必須、整数型) 　最安値を求めるローソク足の本数。
戻り値	length本で計算した最安値

1　3.1.2項参照

2　3.1.6項参照

■avg関数

説明	複数の値の平均値を求める
構文	avg(value1, value2, …)
引数	value1, value2, …(任意、小数型) 平均値を求めたい値。
戻り値	引数で指定した平均値

9～12行目

plot関数[1]を使い、最高値、中心線、最安値をプロットします。

5.1.4 一目均衡表

•インジケーターの概要

一目均衡表とは、「基準線」「転換線」「遅行線」「先行スパンＡ」「先行スパンＢ」の５本の線の関係で相場の均衡を一目で知るための指標です。

基準線と転換線は高値と安値の平均値から求めます。短期の高値と安値の平均値を転換線、中期の高値と安値の平均値を基準線といい、転換線が基準点をゴールデンクロスしたら買いポイント、デッドクロスしたら売りポイントとなります。

遅行線は、最新足の終値と過去の終値を比較して、最新足の終値が過去の終値を上回っていれば上昇トレンドとします。

先行スパンＡは基準線と転換点の平均、先行スパンＢは長期の高値と安値の平均値です。それぞれを現在足よりも右側にプロットします。先行スパンＡとＢの間は雲とよばれ、雲よりも下にあったローソクが雲を上抜いたら買いポイントとなります。

1　3.1.5項参照

•計算式

・基準線

過去BaseLength（標準は26）本の高値と安値の平均。

・転換線

過去TurningLength（標準は9）本の高値と安値の平均。

・遅行線

最新足の終値をOffsetLength（標準は26）本左側の足に描く。

・先行スパンA

基準線と転換線の平均をOffsetLength（標準は26）本右側の足に描く。

・先行スパンB

　過 去SpanBLength（ 標 準 は52） 本 の 高 値 と 安 値 の 平 均 を
OffsetLength本右側の足に描く。

■図5.7 一目均衡表

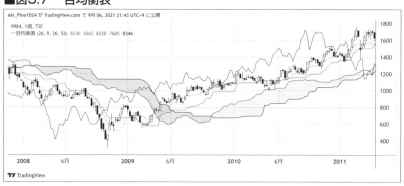

□リスト5.4 一目均衡表

```
1   //@version=4
2   study("一目均衡表", overlay = true)
3   // 変数を定義する
4   BaseLength = input(type = input.integer,
        title="基準線の本数", defval = 26, minval = 1)
5   TurningLength = input(type = input.integer,
        title="転換線の本数", defval = 9, minval = 1)
6   OffsetLength = input(type = input.integer,
        title="オフセットの本数", defval = 26,
        minval = 1)
7   SpanBLength = input(type = input.integer,
        title="先行スパンBの本数", defval = 52,
        minval = 1)
8   // 関数を定義する
9   AverageHL(length) =>
10      (lowest(length) + highest(length)) / 2
11  // 関数を使用し計算する
12  BaseLine = AverageHL(BaseLength)
13  TurningLine = AverageHL(TurningLength)
14  LeadLineA = (BaseLine + TurningLine) / 2
15  LeadLineB = AverageHL(SpanBLength)
16  // プロットする
17  plot(BaseLine, title = "基準線",
        color = color.green)
18  plot(TurningLine, title = "転換線",
        color = color.new(color.green, 50))
19  plot(close, title = "遅行線",
        color = color.purple,
        offset = -OffsetLength + 1)
20  SpanA = plot(LeadLineA, title = "先行スパンA",
        color = color.gray, offset = OffsetLength - 1)
21  SpanB = plot(LeadLineB, title = "先行スパンB",
        color = color.black, offset = OffsetLength - 1)
22  // 塗りつぶす
23  fill(SpanA, SpanB, color = LeadLineB < LeadLineA ?
        color.red : color.blue)
```

•PineScript解説

1行目

　PineScriptのバージョンを指定します。

2行目

　study関数[1]でタイトルを指定します。

3〜7行目

　input関数[2]で入力部分を作成します。

8〜10行目

　過去length本の高値と安値の平均値を求める関数（AverageHL）
　を定義します。基準線、転換線、先行スパンBの計算で使います。

11〜15行目

　定義した関数を使い、基準線、転換線、先行スパンBを計算します。
　高値と安値はそれぞれlowest[3]関数とhighest[4]関数を使用します。

12行目はAverageHL関数を使って基準線を求めます。

13行目はAverageHL関数を使って転換線を求めます。

14行目の先行スパンAは基準線と転換線の平均なので、それぞれを
　足して2で割って平均値を求めます。なお、それぞれの線を左右に
　移動させる処理はplot関数で行います。

15行目はAverageHL関数を使って先行スパンBを求めます。

16〜21行目

　plot関数[5]を使い、基準線、転換線、遅行線、先行スパンA、先行
　スパンBを描きます。OffsetLength本左右に移動させる処理は、
　plot関数のoffsetで行います。また、先行スパンAと先行スパンB

1　3.1.2項参照

2　3.1.6項参照

3　5.1.3項参照

4　5.1.3項参照

5　3.1.5項参照

の間を塗りつぶしたいので、plot関数の戻り値をそれぞれSpanAと
SpanB変数に代入します。

22〜23行目

fill関数[1]を使い、先行スパンAと先行スパンBの間を塗りつぶしま
す。先行スパンAのほうが上のときは赤色、先行スパンBのほうが
上のときは青色で塗りつぶします。

5.1.5 ｎ本のハイ・ロー

•インジケーターの概要

「ｎ本のハイ」とは、ｎ本のハイかどうかを判定する足（以下判定
足）の高値が左右Length本（一般的には6本）の高値よりも高い足
のことです。説明では判定する足の本数を6本（ｎ＝6）とします。

【図5.8】の判定足の高値と、判定足の左側6本の高値を比べます
（左側の判定）。次に、判定足の高値と、判定足の右側6本の高値を
比べます（右側の判定）。

今回の例は判定足の左側6本の高値より、判定足の高値のほうが高
いため、左側の判定を満たしています。また、判定足の右側6本の高
値より、判定足の高値のほうが高いので、右側の条件も満たしていま
す。左右両方の条件を満たしているので、判定足は6本のハイです。

ｎ本のローも高値を安値に変えるだけで、同じ判定基準です。

1　4.1.3項参照

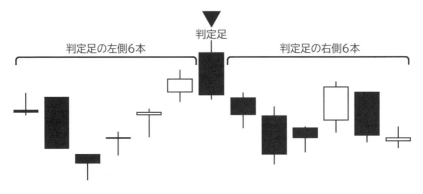

この左右の判定をPineScriptでも書けるようにすると、以下のようになります。

■図5.9 左右の判定

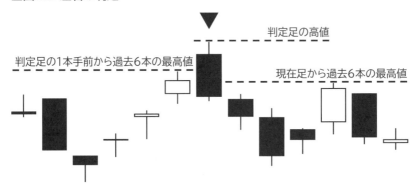

・左側の判定

　判定足（現在足から6本前）の高値と、判定足の1本手前（現在足の6＋1本前）から過去6本の最高値を比べて、判定足の高値のほうが高いか。

・右側の判定

　一番右の足である現在足から過去6本の最高値と、判定足（現在足の6本前）の高値を比べて、判定足の高値のほうが高いか。

　左右両方の判定を満たす足がn本のハイ（今回の例ではn＝6のため、6本のハイ）となります。

　ダウ理論では、n本のハイ同士を比べてn本のハイの値が切り上がっていると高値切り上げでアップトレンド、n本のロー同士を比べてn本のローの値が切り下がっているとダウントレンドとなります。

•計算式

○n本のハイの判定

・左側の判定

Length本前（判定足）の高値と、Length＋1本前（判定足の1本前）での過去Length本の最高値を比べる。

・右側の判定

Length本前（判定足）の高値と、現在足での過去Length本の最高値を比べる。

・n本のハイの判定

左右どちらもLength本前（判定足）の高値のほうが高ければ、n本のハイとする。

○n本のローの判定

・左側の判定

Length本前（判定足）の安値と、Length＋1本前（判定足の1本前）での過去Length本の最安値を比べる。

・右側の判定

Length本前（判定足）の安値と、現在足での過去Length本の最安値

を比べる。

・n本のローの判定

左右どちらもLength本前（判定足）の安値のほうが低ければ、n本の
ローとする。

■図5.10 n本のハイ・ロー

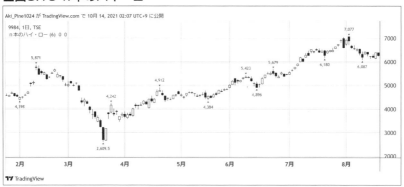

　n本のハイを満たす足の上側に赤色の▼マークと高値を、n本のロ
ーを満たす足の下側に青色の▲マークと安値をつけました。

　▲▼マークはplotshape[1]で作成し、数値はlabelで作成しています。
labelで吹き出しと数値の両方を作成してもよいのですが、labelは表
示本数に上限があります。そのため、チャートを過去にさかのぼって
表示させると、途中から高値と安値の数値が表示されなくなることが
あります。

　すべての足にn本のハイ・ローの▲▼マークを表示させたいため、
▲▼マークはplotshapeで作成しました。plotshapeは表示本数に上限
がありません。

1　4.1.5項参照

□リスト5.5 n本のハイ・ロー

```
1    //@version=4
2    study("n本のハイ・ロー", overlay = true,
     max_labels_count = 500)
3    // 入力部分を作成する
4    Length = input(title ="左右の本数",
     type = input.integer, defval = 6, minval = 1)
5    // 高値側の処理
6    HighBand = highest(high, Length)
7    isLeftHigh = high[Length] > HighBand[Length + 1]
8    isRightHigh = high[Length] > HighBand
9    isHighPlot = isLeftHigh and isRightHigh
10   plotshape(isHighPlot, style = shape.triangledown,
     location = location.abovebar, color = color.red,
     offset = -Length)
11   HighLabel = label.new(x = isHighPlot ?
     bar_index - Length : na, y = high[Length])
12   label.set_color(HighLabel, color.new(color.red, 100))
13   label.set_textcolor(HighLabel, color.red)
14   label.set_size(HighLabel, size.small)
15   label.set_text(HighLabel,
     tostring(high[Length], "#,###.#"))
16   label.set_style(HighLabel, label.style_label_down)
17   // 安値側の処理
18   LowBand = lowest(low, Length)
19   isLeftLow = low[Length] < LowBand[Length + 1]
20   isRightLow = low[Length] < LowBand
21   isLowPlot = isLeftLow and isRightLow
22   plotshape(isLowPlot, style = shape.triangleup,
     location = location.belowbar,
     color = color.blue, offset = -Length)
23   LowLabel = label.new(x = isLowPlot ?
     bar_index - Length : na, y = low[Length])
24   label.set_color(LowLabel, color.new(color.blue, 100))
25   label.set_textcolor(LowLabel, color.blue)
26   label.set_size(LowLabel, size.small)
27   label.set_text(LowLabel,
     tostring(low[Length], "#,###.#"))
28   label.set_style(LowLabel, label.style_label_up)
```

・PineScript解説

1行目

　PineScriptのバージョンを指定します。

2行目

　study関数[1]でタイトルを指定します。

3～4行目

　input関数[2]で入力部分を作成します。

5～16行目

　n本のハイかどうかを判定し、n本のハイの足に▼マークと高値を
表示します。

6行目でLength本の最高値をhighest関数[3]を使って計算します。

7行目で左側の条件を判定します。判定足の高値と、判定足の1本前
（左）における過去Length本の最高値を比べて、判定足の高値の
ほうが高ければ左側の判定を満たしているといえます。判定の結果
をブール型でisLeftHigh変数に代入します。

8行目で右側の条件を判定します。判定足の高値と、現在足から判定
足の1本後（右）までのLength本の最高値を比べて、判定足の高
値のほうが高ければ右側の条件を満たしているといえます。判定の
結果をブール型でisRightHigh変数に代入します。

9行目で左右の条件をどちらも満たす足をブール型でisHighPlot変数
に代入します。

10行目でplotshape関数[4]を使い、左右の条件をどちらも満たす足を
シェイプします。シェイプの作成は現在足（いちばん右側の最新の
足）に対して行いますが、n本のハイかどうかの判定をする足（判

1　3.1.2項参照

2　3.1.6項参照

3　5.1.3項参照

4　4.1.5項参照

定足）は、現在足よりLength本左側にある過去の足に対して行います。そのため、offsetを使いシェイプを左側に表示する必要があります。offsetを使うと、指定した整数ぶん右側にシェイプが表示されるので、–Lengthを指定すると判定足にシェイプが表示されます。

11行目でlabel.new関数[1]を使い、左右の条件をどちらも満たす足に高値の数値をラベルで表示します。シェイプと同様にラベルの作成も現在足よりLength本左側にある過去の足に対して行います。この2つを満たすために、x = isHighPlot ? bar_index - Length : na とします。また、数値は判定足の高値に表示するため、y = high[Length]とします。

12行目でラベルの色を指定します。▼マークはシェイプを用いてすでに表示させているので、透明にして表示させないようにします。

13行目でテキストの色を赤色に指定します。

14行目でラベルのサイズを指定します。

15行目でテキストを指定します。tostring関数[2]を使い、高値の数値を文字列に変換します。

16行目でラベルのスタイルを指定します。高値の上側に表示したいので、label.style_label_downを指定します。

17～28行目

n本のローかどうかを判定し、n本のローの足に▲マークと安値を表示します。

18行目でLength本の最安値を、lowest関数[3]を使って計算します。

19行目で左側の条件を判定します。判定足の安値と、判定する足の1本前（左）における過去Length本の最安値を比べて、判定する

1　4.1.4項参照

2　4.1.4項参照

3　5.1.3項参照

足の安値のほうが低ければ左側の判定を満たしているといえます。判定の結果をブール型でisLeftLow変数に代入します。

20行目で右側の条件を判定します。判定足の安値と、現在足から判定足の1本後（右）までのLength本の最安値を比べて、判定足の安値のほうが安ければ右側の条件を満たしているといえます。判定の結果をブール型でisRightLow変数に代入します。

21行目で左右の条件をどちらも満たす足をブール型でisLowPlot変数に代入します。

22行目でplotshape関数[1]を使い、左右の条件をどちらも満たす足をシェイプします。10行目で行ったn本のハイの処理と同様に、offsetを使い判定足にシェイプを表示します。

23行目でlabel.new関数[2]を使い、左右の条件をどちらも満たす足に安値の数値をラベルで表示します。シェイプと同様にラベルの作成も現在足よりLength本左側にある過去の足に対して行います。この2つを満たすために、x = isLowPlot ? bar_index - Length : naとします。また、数値は判定足の安値に表示するため、y = low[Length]とします。

24行目でラベルの色を指定します。▲マークはシェイプを用いてすでに表示させているので、透明にして表示させないようにします。

25行目でテキストの色を青色に指定します。

26行目でラベルのサイズを指定します。

27行目でテキストを指定します。tostring関数[3]を使い、安値の数値を文字列に変換します。

28行目でラベルのスタイルを指定します。高値の上側に表示したいので、label.style_label_upを指定します。

---

1 4.1.5項参照

2 4.1.4項参照

3 4.1.4項参照

5.2 ローソク足と別に表示するインジケーター

　5.2節ではローソク足と別に表示するインジケーターを紹介します。

　前節同様、インジケーターの概要や見方、計算式、画像による表示例、PineScriptのコード例、コード例の解説の順に説明します。

■図5.11 MACD

■図5.12 ADX

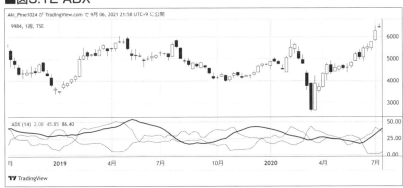

5.2.1 MACD・MACDオシレーター

•インジケーターの概要

「**MACD**」とは、Moving Average Convergence Divergenceの略です。Convergenceは収束、Divergenceは発散を意味します。**短期と長期の指数平滑移動平均を引き、その差を求めることによって2本の移動平均線の収束・発散を見る指標です。**

MACDがマイナスからプラスになった地点で2本の移動平均線がゴールデンクロスになるため買いポイント、プラスからマイナスになった地点で2本の移動平均線がデッドクロスとなるので売りポイントとなります。

MACDオシレーターはMACDとMACDの移動平均線の差を求めて、ヒストグラムで表示します。MACDと同様に、MACDオシレーターがマイナスからプラスになった地点で買いポイント、プラスからマイナスになった地点で売りポイントとなります。

•計算式
・短期線
　FastLength本の指数平滑移動平均線（ソース：終値）
・長期線
　SlowLength本の指数平滑移動平均線（ソース：終値）
・MACD
　短期線−長期線
・MACDシグナル
　SignalLength本の指数平滑移動平均線（ソース：MACD）
・MACDオシレーター
　MACD−MACDシグナル

■図5.13 MACD・MACDオシレーター

□リスト5.6 MACD・MACDオシレーター

```
1   //@version=4
2   study("MACD", precision = 2)
3   // 入力部分を作成する
4   FastLength = input(type = input.integer,
     title = "短期線本数", defval = 12, minval = 1)
5   SlowLength = input(type = input.integer,
     title = "長期線本数", defval = 26, minval = 1)
6   SignalLength = input(type = input.integer,
     title = "シグナル本数", defval = 12, minval = 1)
7   // 計算する
8   FastLine = ema(close, FastLength)
9   SlowLine = ema(close, SlowLength)
10  MACD = FastLine - SlowLine
11  MACDSignal = ema(MACD, SignalLength)
12  MACDOsc = MACD - MACDSignal
13  // プロットする
14  plot(MACD, color = color.red, linewidth = 2)
15  plot(MACDSignal, color = color.orange)
16  plot(MACDOsc, style = plot.style_histogram,
     linewidth = 3, color = MACDOsc < 0 ?
     color.new(color.blue, 50) :
     color.new(color.red, 50))
```

・PineScript解説

1行目

PineScriptのバージョンを指定します。

2行目

study関数[1]でタイトルを指定します。precision ＝ 2で小数点以下第2位まで表示します。

3～6行目

input関数[2]で入力部分を作成します。

4～6行目はそれぞれ短期線、長期線、MACDシグナルを計算する足の本数の入力部分です。type ＝ input.integerで、整数を入力させるようにします。短期線とシグナル本数はdefval ＝ 12で標準の値を12に、長期線本数はdefval ＝ 26で標準の値を26に設定します。また、足の本数に0やマイナスの値を入力できないようにするため、minval ＝ 1とし、1より小さい値を入力できないようにします。

7～12行目

計算式に基づいて短期線、長期線、MACD、MACDシグナル、MACDオシレーターを計算します。指数平滑移動平均の計算には、ema関数を使用します。

■ema関数

説明	指数平滑移動平均をソースから求める
構文	`ema(source, length)`
引数	`source`(必須、小数型) 　指数平滑移動平均を計算するソース。 `length`(必須、整数型) 　計算するローソク足の本数。
戻り値	`length`本で計算した指数平滑移動平均

1　3.2.1項参照

2　3.1.6項参照

13～16行目

plot関数[1]で計算したMACD、MACDシグナル、MACDオシレーターをプロットします。MACDオシレーターはヒストグラムで表示[2]します。

5.2.2 移動平均線乖離率

•インジケーターの概要

「**移動平均線乖離率**」は、**終値が単純移動平均線からどの程度乖離しているかを見ます。**過去のチャートを見て、移動平均線乖離率がどの程度の幅で動いていたかを確認した後、その幅を大きく上回れば価格が上がり過ぎているため反発する可能性を考えて売りポイント、大きく下回れば価格が下がり過ぎているため反発する可能性を考えて買いポイントとします。

•計算式

（終値－単純移動平均線の値）÷ 単純移動平均線の値×100

1　3.1.5項参照

2　4.2.3項参照

□リスト5.7 移動平均線乖離率

```
1   //@version=4
2   study("移動平均線乖離率", shorttitle = "MADR",
      precision = 2)
3   // 入力部分を作成する
4   Length = input(type = input.integer,
      title ="本数", defval = 10, minval = 1)
5   // 計算する
6   SMA = sma(close, Length)
7   MADR = (close - SMA) / SMA * 100
8   // プロットする
9   hline(10, title = "アッパーバンド２",
      linestyle = hline.style_dashed, color = color.red)
10  hline(5, title = "アッパーバンド１",
      linestyle = hline.style_dashed,
      color = color.new(color.red, 50))
11  plot(MADR, style = plot.style_histogram, linewidth = 3,
      color = MADR < 0 ? color.blue : color.red)
12  hline(-5, title = "ロワーバンド１",
      linestyle = hline.style_dashed,
      color = color.new(color.blue, 50))
13  hline(-10, title = "ロワーバンド２",
      linestyle = hline.style_dashed, color = color.blue)
```

•PineScript解説

1行目

　PineScriptのバージョンを指定します。

2行目

　study関数[1]でタイトルを指定します。precision = 2で小数点以下第2位まで表示します。

3〜4行目

　input関数[2]で入力部分を作成します。

4行目は計算する足の本数の入力部分です。type = input.integerで、整数を入力させるようにします。defval = 10で標準の値を10に設定します。また、足の本数に0やマイナスの値を入力できないようにするため、minval = 1とし、1より小さい値を入力できないようにします。

5〜7行目

　移動平均線と移動平均線乖離率を求めます。

6行目はsma関数[3]で単純移動平均を計算します。

7行目は移動平均線乖離率を計算式にしたがって求めます。

8〜13行目

　plot関数[4]で計算した移動平均線乖離率と、hline関数[5]を使い上下±5％と±10%の位置にそれぞれ2本ずつ、アッパーバンドとロワーバンドをプロットします。

1　3.2.1項参照

2　3.1.6項参照

3　3.1.4項参照

4　3.1.5項参照

5　4.2.1項参照

5.2.3 サイコロジカルライン

•インジケーターの概要

「サイコロジカルライン」は、過去Length本の足について、ソース
が１本前の足より上がっている足の本数の割合から相場の過熱状況を
見るものです。50近辺で保合い、75以上となれば買われ過ぎ、25以下
となれば売られ過ぎと考えます。

　Lengthは日足：５または10、週足：13、月足：12を使うと、それ
ぞれ１〜２週間、３カ月、１年間の相場の過熱状況を見ることができ
ます。

　RSIと違い値幅については考慮せず、前の足と比べて切り上げてい
るかだけを判断します。

•計算式

上昇した足の本数 ÷ Length × 100

　上昇した足：Length本の足のうち、１本前の足と比較してソース
　が上昇している足の本数

■図5.15 サイコロジカルライン

□リスト5.8 サイコロジカルライン

```
1   // @version=4
2   study(title = "Psychological Line", precision = 1)
3   // 入力部分を作成する
4   Source = input(type = input.source,
     title = "ソース", defval = close)
5   Length = input(type = input.integer,
     title = "本数", defval = 10, minval = 1)
6   // 関数を定義する
7   IsUp(series) => series[1] < series[0] ? 1 : 0
8   CalcPsychologicalLine(upCount, length) =>
9       sum(upCount, length) / length * 100
10  // 関数を使用し計算する
11  UpCount = IsUp(Source)
12  Psycho = CalcPsychologicalLine(UpCount, Length)
13  // プロットする
14  plot(Psycho, title = "サイコロジカルライン",
     style = plot.style_line, color = color.black)
15  // 0〜100でレンジを固定する
16  TransparentColor = color.new(color.red, 100)
17  MaxLine = hline(100, title = "100の線",
     linestyle = hline.style_dashed,
     color = TransparentColor, editable = false)
18  MinLine = hline(0, title = "0の線",
     linestyle = hline.style_dashed,
     color = TransparentColor, editable = false)
19  // 50の線を引く
20  hline(50, title = "50の線",
     linestyle = hline.style_dashed,
     color = color.gray, editable = false)
21  // アッパー・ロワーバンドを引く
22  UpperBand = hline(75, title = "アッパーバンド",
     linestyle = hline.style_dashed, color = color.red)
23  LowerBand = hline(25, title = "ロワーバンド",
     linestyle = hline.style_dashed, color = color.blue)
24  // 上下を塗りつぶす
25  fill(MaxLine, UpperBand, title = "アッパー背景色",
     color = color.red)
26  fill(MinLine, LowerBand, title = "ロワー背景色",
     color = color.blue)
```

•PineScript解説

1行目

PineScriptのバージョンを指定します。

2行目

study関数[1]でタイトルを指定します。precision = 1で小数点以下第1位まで表示します。0にすると整数で表示され、2にすると小数点以下第2位まで表示されます。

3〜5行目

input関数[2]で入力部分を作成します。

4行目はソースの入力部分です。type = input.sourceで、ソースを入力させるようにします。defval = closeで、指定しないデフォルトの値はclose、つまり終値が指定されます。

5行目は計算する足の本数の入力部分です。type = input.integerで、整数を入力させるようにします。defval = 10で標準の値を10に設定します。また、足の本数に0やマイナスの値を入力できないようにするため、minval = 1とし、1より小さい値を入力できないようにします。

6〜9行目

計算式を関数にします。

7行目はIsUp関数を作成します。三項演算子を使い、直近の足series[0]が1本前の足series[1]より大きい場合は1、そうでなければ0を返します。

8行目はCalcPsychologicalLine関数を作成します。upCountは7行目で計算したシリーズ、lengthは計算するローソク足の本数です（5行目のLengthとは別の変数です）。sum関数[3]にupCountとlengthを

1　3.2.1項参照

2　3.1.6項参照

3　3.2.3項参照

入力し、upCountをlength本ぶん合計した値を求めます。合計した
値は、1本前の足と比較してソース（終値等）が上昇している足の
本数です。返された値をlengthで割り、100をかけるとサイコロジ
カルラインになります。

10～12行目

定義した関数を使用して、実際にサイコロジカルラインの値を求め
ます。IsUp関数を使い求めたシリーズをUpCountに代入し、
UpCountを使って計算したサイコロジカルラインの値をPsychoに
代入します。

13～14行目

plot関数[1]で計算したサイコロジカルラインをプロットします。

15～18行目

常に0～100までの範囲で表示させたいので、hline関数[2]を使い0
と100に線を引くことによって表示レンジを固定します。表示レン
ジを固定する方法は4.2.2項を参照してください。

19～20行目

0と100の間の50にも線を引きます。

21～23行目

変数UpperBandの位置にアッパーバンドを、変数LowerBandの位
置にロワーバンドを引きます。

24～26行目

fill関数[3]を使い、アッパーバンドと100の線、ロワーバンドと0の
線の間を塗りつぶします。

1　3.1.5項参照

2　4.2.1項参照

3　4.1.3項参照

5.2.4 ストキャスティクス

•インジケーターの概要

　「**ストキャスティクス**」とは、RSI同様、**相場の過熱状況を0～100ま
でで表すオシレーター指標**です。RSIは計算に終値しか使わないのに
対し、ストキャスティクスは過去KLength本の最高値と最安値を使
って計算します。

　一番感度の高い%Kと、%Kより感度が低い%D、%Dの移動平均で
ある%SDの3つを計算します。ストキャスティクスにはファストと
スローの二種類あり、ファストストキャスティクスは%Kと%Dを、
スローストキャスティクスは%Dと%SDを見ます。

　ファストストキャスティクスは%Kが%Dをゴールデンクロスした
ら買いサイン、デッドクロスしたら売りサインです。

　スローストキャスティクスは%Dが%SDをゴールデンクロスしたら
買いサイン、デッドクロスしたら売りサインです。

•計算式

・%K

（終値−過去KLength本の最安値）÷（過去KLength本の最高値
−過去KLength本の最安値）×100

・%D

（終値−過去KLength本の最安値）のDLength本合計÷
（終値−過去KLength本の最高値）のDLength本合計×100

・%SD

MALength本の単純移動平均線（ソース：%D）

■図5.16 ストキャスティクス

□リスト5.9 ストキャスティクス

```
1   //@version=4
2   study("ストキャスティクス",
     shorttitle = "ストキャス", precision = 2)
3   // 入力部分を作成する
4   Calculate = input(title = "表示", defval = "Fast+Slow",
     options = ["Fast", "Slow", "Fast+Slow"])
5   KLength = input(type = input.integer,
     title = "%Kを算出する期間", defval = 14, minval = 1)
6   DLength = input(type = input.integer,
     title = "%Dを算出する期間", defval = 3, minval = 1)
7   MALength = input(type = input.integer,
     title = "%Dの移動平均期間", defval = 3, minval = 1)
8   // 計算する
9   LowestK = lowest(low, KLength)
10  HighestK = highest(high, KLength)
11  PercentK =
     (close - LowestK) / (HighestK - LowestK) * 100
12  PercentD = (sum(close - LowestK, DLength) /
     sum(HighestK - LowestK, DLength)) * 100
13  PercentSD = sma(PercentD, MALength)
14  // 条件に合わせた色を設定する
15  PrecentKColor = Calculate == "Slow" ?
     color.new(color.red, 100) : color.red
16  PrecentSDColor = Calculate == "Fast" ?
     color.new(color.blue, 100) : color.blue
17  // プロットする
18  plot(PercentK, title = "%K", color = PrecentKColor)
19  plot(PercentD, title = "%D", color = color.purple)
20  plot(PercentSD, title = "%SD", color = PrecentSDColor)
21  // アッパー・ロワーバンドを引く
22  UpperBand = hline(70, title = "アッパーバンド",
     linestyle = hline.style_dashed, color = color.red)
23  LowerBand = hline(30, title = "ロワーバンド",
     linestyle = hline.style_dashed, color = color.blue)
```

•PineScript解説

1行目

PineScriptのバージョンを指定します。

2行目

study関数[1]でタイトルを指定します。precision = 2で小数点以下第2位まで表示します。

3〜7行目

input関数[2]で入力部分を作成します。

4行目で表示する線を決定します。Fast、Slow、Fast+Slowの3つから選びます。Fastはファストストキャスティクスのため%Kと%Dを、Slowはスローストキャスティクスのため%Dと%SDを、Fast+Slowは%K、%D、%SDを表示します。表示する線を文字列で選択し、Calculate変数に代入します。

5行目は%Kを計算する足の本数の入力部分です。type = input. integerで、整数を入力させるようにします。defval = 14で標準の値を14に設定します。また、足の本数に0やマイナスの値を入力できないようにするため、minval = 1とし、1より小さい値を入力できないようにします。

6行目は%Dを計算する足の本数の入力部分です。defval = 3で標準の値を3に設定します。

7行目は%SD（%Dの移動平均）を計算する足の本数の入力部分です。defval = 3で標準の値を3に設定します。

8〜13行目

計算式にしたがってストキャスティクスを求めます。

9〜10行目は%Dを計算するために、過去KLength本の最安値と最高値を求めます。最安値はlowest関数[3]、最高値はhighest関数[4]を使います。

1　3.2.1項参照

2　3.1.6項参照

3　5.1.3項参照

4　5.1.3項参照

11〜13行目で計算式に基づいて、%K、%D、%SDを計算します。合計はsum関数[1]、単純移動平均はsma関数[2]を使います。

14〜16行目

%Kは、スローストキャスティクスを表示するときには非表示にします。CalculateがSlowの場合、%Kを非表示にするために透明にします。

同様に、%SDはファストストキャスティクスを表示するときには非表示にします。CalculateがFastの場合、%SDを非表示にするために透明にします。

17〜20行目

plot関数[3]で計算した%K、%D、%SDをプロットします。

21〜23行目

hline関数[4]で30の位置にロワーバンド、70の位置にアッパーバンドを引きます。

5.2.5 Williams %R

・インジケーターの概要

「Williams %R」とは、-100〜0までで表すオシレーター指標です。ストキャスティクス同様、**過去Length本の最安値と最高値を使って計算します。**-20以上が買われ過ぎ、-80以下が売られ過ぎといえます。

1　3.2.3項参照

2　3.1.4項参照

3　3.1.5項参照

4　4.2.1項参照

•計算式

（終値－過去Length本の最高値）÷（過去Length本の
最高値－過去Length本の最安値）×100

■図5.17 Williams %R

□リスト5.10 Williams %R

```
1   //@version=4
2   study("Williams %R", shorttitle = "W%R", precision = 2)
3   // 入力部分を作成する
4   Length = input(type = input.integer,
      title = "本数", defval = 14, minval = 1)
5   // 計算する
6   Lowest = lowest(low, Length)
7   Highest = highest(high, Length)
8   WilliamsPercentR
      = (close - Highest) / (Highest - Lowest) * 100
9   // プロットする
10  plot(WilliamsPercentR, color = color.black)
11  // アッパー・ロワーバンドを引く
12  UpperBand = hline(-20, title = "アッパーバンド",
      linestyle = hline.style_dashed, color = color.red)
13  LowerBand = hline(-80, title = "ロワーバンド",
      linestyle = hline.style_dashed, color = color.blue)
```

•PineScript解説

1行目

PineScriptのバージョンを指定します。

2行目

study関数[1]でタイトルを指定します。precision ＝ 2で小数点以下第2位まで表示します。

3〜4行目

input関数[2]で入力部分を作成します。

4行目は計算する足の本数の入力部分です。type ＝ input.integerで、整数を入力させるようにします。defval ＝ 14で標準の値を14に設定します。また、足の本数に0やマイナスの値を入力できないようにするため、minval ＝ 1とし、1より小さい値を入力できないようにします。

5〜8行目

計算式にしたがってWilliams %Rを求めます。

6〜7行目は過去Length本の最安値と最高値を求めます。最安値はlowest関数[3]、最高値はhighest関数[4]を使います。

8行目は計算式に基づいてWilliams %Rを計算します。

9〜10行目

plot関数[5]で計算したWilliams %Rをプロットします。

11〜13行目

hline関数[6]で-20の位置にアッパーバンドを、-80の位置にロワー

1　3.2.1項参照
2　3.1.6項参照
3　5.1.3項参照
4　5.1.3項参照
5　3.1.5項参照
6　4.2.1項参照

バンドを引きます。

5.2.6 モメンタム

・インジケーターの概要

「モメンタム」とは、最新足のソースとLength本前のソースの差から求めます。モメンタムが0より大きければアップトレンド、0以下であればダウントレンドといえます。

・計算式

ソース－Length本前のソース

■図5.18 モメンタム

□リスト5.11 モメンタム

```
1   //@version=4
2   study("モメンタム", precision = 2)
3   // 入力部分を作成する
4   Source = input(type = input.source,
      title = "ソース", defval = close)
5   Length = input(type = input.integer,
      title = "モメンタムの本数", defval = 10, minval = 1)
6   MALength = input(type = input.integer,
      title = "移動平均線の本数", defval = 10, minval = 1)
7   // 関数を定義する
8   Momentum = Source - Source[Length]
9   MomMA = sma(Momentum, MALength)
10  // プロットする
11  plot(Momentum, title = "モメンタム",
      color = color.black, linewidth = 2)
12  plot(MomMA, title = "モメンタムの移動平均線",
      color = color.gray)
```

・PineScript解説

1行目

PineScriptのバージョンを指定します。

2行目

study関数[1]でタイトルを指定します。precision = 2で小数点以下第2位まで表示します。

3～6行目

input関数[2]で入力部分を作成します。

4行目はソースの入力部分です。type = input.sourceで、ソースを入力させるようにします。defval = closeで、指定しないデフォルトの値はclose、つまり終値が指定されます。

5行目は計算する足の本数の入力部分です。type = input.integerで、

1　3.2.1項参照

2　3.1.6項参照

整数を入力させるようにします。defval ＝ 10で標準の値を10に設定します。また、足の本数に0やマイナスの値を入力できないようにするため、minval ＝ 1とし、1より小さい値を入力できないようにします。

6行目はモメンタムの移動平均線を計算する足の本数の入力部分です。

8行目は計算式に基づいてモメンタムを計算します。

9行目はモメンタムの単純移動平均を計算します。単純移動平均はsma関数[1]を使います。

10〜12行目

plot関数[2]で計算したモメンタムとモメンタムの移動平均線をプロットします。

5.2.7 ADX

•インジケーターの概要

「**ADX**」とはAverage Directional Movement Indexの略で、**トレンドの強さを数値化したもの**です。一定値（一般的には30）を超えていたら強いトレンドが発生しているといえます。

強さを数値化したものなので、ADXのみではトレンドの方向はわかりません。ADXを計算する過程で必要となるPDI（相場の上昇の勢いを表す指標）、MDI（下落の勢いを示す指標）を使うと、トレンドの方向がわかります。PDIがMDIより高ければアップトレンド、低ければダウントレンドです。

PDIがMDIをゴールデンクロスしたら買いサイン、MDIがPDIをデ

1　3.1.4項参照

2　3.1.5項参照

ッドクロスしたら売りサインです。PDI、MDIのゴールデンクロスと同時にADXを確認し一定値を超えている場合のみ買うという考え方もあります。

•計算式

・PDM

高値－前日高値

・MDM

前日安値－安値

※PDMとMDMの例外：

PDM＜0またはPDM＜MDMの場合、PDMを0とする。

MDM＜0またはMDM＜PDMの場合、MDMを0とする。

・TR

高値と前日終値のうち高いほう－安値と前日終値のうち安いほう

・ATR

TRのLength本移動平均

・PDI

PDMのLength本移動平均÷ATR×100

・MDI

MDMのLength本移動平均÷ATR×100

・DX

（PDI－MDI）÷（PDI＋MDI）

・ADX

DXのLength本移動平均

■図5.19 ADX

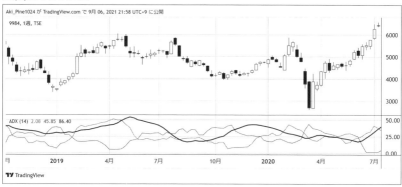

□リスト5.12 ADX

```
1   //@version=4
2   study("ADX", precision = 2)
3   // 入力部分を作成する
4   Length = input(title = "本数",
     type = input.integer, defval = 14, minval = 1)
5   // 関数を定義する
6   CalcPDM() =>
7       pdm = high - high[1]
8       mdm = low[1] - low
9       if pdm < 0
10          0
11      else if pdm < mdm
12          0
13      else
14          pdm
15  CalcMDM() =>
16      pdm = high - high[1]
17      mdm = low[1] - low
18      if mdm < 0
19          0
20      else if mdm < pdm
21          0
22      else
23          mdm
24  // 関数を使用し計算する
25  PDM = CalcPDM()
26  MDM = CalcMDM()
27  // ATRの計算
28  TR = max(high, close[1]) - min(low, close[1])
29  ATR = sma(TR, Length)
30  // PDI,MDIの計算
31  PDI = sma(PDM, Length) / ATR * 100
32  MDI = sma(MDM, Length) / ATR * 100
33  //ADXの計算
34  DX = abs(PDI - MDI) / (PDI + MDI) * 100
35  ADX = sma(DX, Length)
36  // プロットする
37  plot(PDI, color = color.red)
38  plot(MDI, color = color.blue)
39  plot(ADX, color = color.black, linewidth = 2)
```

•PineScript解説

1行目

PineScriptのバージョンを指定します。

2行目

study関数[1]でタイトルを指定します。precision ＝ 2で小数点以下第2位まで表示します。

3〜4行目

input関数[2]で入力部分を作成します。

4行目は計算する足の本数の入力部分です。type = input.integerで、整数を入力させるようにします。defval = 14で標準の値を14に設定します。また、足の本数に0やマイナスの値を入力できないようにするため、minval = 1とし、1より小さい値を入力できないようにします。

6〜14行目

PDMの計算式を関数にします。

7行目はPDMを高値 − 前日高値から求めます。

8行目はMDMを前日安値 − 安値から求めます。

9〜14行目は、PDMの例外を考慮します。if文を使用し、PDM＜0のときは0、PDM＜MDMのときは0、どちらでもないときは高値 − 前日高値から求めたpdmを返します。関数の中にif文を入れているため、10行目、12行目、14行目の先頭にはTabを2つ、または半角スペースを8つ入れる必要があります。

15〜23行目

MDMの計算式を関数にします。

16行目はPDMを高値 − 前日高値から求めます。

1　3.2.1項参照

2　3.1.6項参照

17行目はMDMを前日安値－安値から求めます。

18〜23行目は、MDMの例外を考慮します。if文を使用し、MDM＜
0のときは0、MDM＜PDMのときは0、どちらでもないときは
前日安値－安値から求めたmdmを返します。関数の中にif文を入れ
ているため、19行目、21行目、23行目の先頭にはTabを2つ、ま
たは半角スペースを8つ入れる必要があります。

24〜26行目

定義した関数を使用して、PDMとMDMを計算します。

27〜29行目

計算式に基づいて、TRとATRを求めます。TRを計算した後、TR
の移動平均を求めてATRとします。2つの値を比較して高いほう
の値を取得するためにmax関数、安いほうの値を取得するために
min関数を使います。

■max関数

説明	複数の値の中から最大値を求める
構文	max(value1, value2, …)
引数	value1, value2, …(任意、小数または整数型) 　　複数の値。
戻り値	最大値

■min関数

説明	複数の値の中から最小値を求める
構文	min(value1, value2, …)
引数	value1, value2, …(任意、小数または整数型) 　　複数の値。
戻り値	最小値

TradingViewに内蔵されているADXのインジケーターは、TRの移
動平均を求める際に「rma関数」（係数 $\alpha = 1$ ／ Lengthで計算され
る指数加重移動平均）を使用しています。しかし、チャートソフト

の中には単純移動平均を用いて計算しているものもあるので、本書
では単純移動平均を使用してADXを計算します。単純移動平均は
sma関数[1]を使います。

30～32行目

計算式に基づいて、PDIとMDIを求めます。

33～35行目

計算式に基づいて、DXとADXを求めます。DXを計算した後、DX
の移動平均を求めてADXとします。ATRと同様に、単純移動平均
を使用して計算します。

36～39行目

plot関数[2]で計算したPDI、MDI、ADXをプロットします。

コラム：プログラミング技術上達のコツ

　PineScriptに限らず、プログラミング技術上達のコツは、ひたすらプログラムを作成し、経験を積むことです。

　本書でもさまざまなインジケーターを紹介しましたが、世の中には無数のインジケーターがあります。計算式を自分で考え、オリジナルのインジケーターを作成することも可能です。

　矢口新著『**5段階で評価するテクニカル指標の成績表**』（パンローリング）には、多くのインジケーターが計算式と共に紹介されています。紹介されている計算式をPineScriptに落とし込み、インジケーターを作成してみてください。作成すればするほど実力がついて、プログラミング技術が上達してくるでしょう。

第6章

売買ポイントを作成する

本章では、まず第5章で作ったインジケーターをアレンジして買いポイントを表示するPineScriptを書いていきます。その後、売りポイントを表示させる記述を紹介します。

6.1 DMIによる買いポイント

　5.2.7項で紹介したPDIとMDI（2つを合わせてDMI）を使って買い
ポイントを示すインジケーターを作成します。まずは1つの条件だけ
で買いポイントを表示させます。おそらく自分が思い描いていた場所
以外でもたくさんの買いポイントが表示されていると思います。そこ
からさらに買いポイントを絞りこむために、別の指標を追加していき
ます。本節ではその過程を、順を追って説明していきます。

　まず、DMIを使って買いポイントを作ります。6.1.1項ではDMIが
ゴールデンクロスした地点を買いポイントとします。ただし、この条
件だけでは買いポイントが多過ぎる結果となります。

　次に、強いトレンドが発生しているときを買いポイントとするため、
6.1.2項で買いポイントに「ADXが30以上」の条件を追加します。

　最後に、アップトレンドのときのみ購入したいため6.1.3項で買いポ
イントに「終値が50本の移動平均線よりも上」の条件を追加します。

■図6.1 DMIによる買いポイント

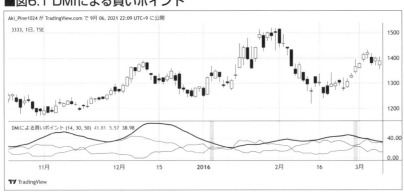

6.1.1 DMIのゴールデンクロス

【リスト5.12】を修正して、DMIのゴールデンクロス地点の背景色を赤にします。本章では、PineScriptのコード例、コード例の解説の順で解説していきます。

□リスト5.12 ADX（再掲）

```
1   //@version=4
2   study("ADX", precision = 2)
3   // 入力部分を作成する
4   Length = input(title = "本数",
     type = input.integer, defval = 14, minval = 1)
5   // 関数を定義する
6   CalcPDM() =>
7       pdm = high - high[1]
8       mdm = low[1] - low
9       if pdm < 0
10          0
11      else if pdm < mdm
12          0
13      else
14          pdm
15  CalcMDM() =>
16      pdm = high - high[1]
17      mdm = low[1] - low
18      if mdm < 0
19          0
20      else if mdm < pdm
21          0
22      else
23          mdm
24  // 関数を使用し計算する
25  PDM = CalcPDM()
26  MDM = CalcMDM()
27  // ATRの計算
28  TR = max(high, close[1]) - min(low, close[1])
29  ATR = sma(TR, Length)
30  // PDI,MDIの計算
31  PDI = sma(PDM, Length) / ATR * 100
32  MDI = sma(MDM, Length) / ATR * 100
```

```
33  //ADXの計算
34  DX = abs(PDI - MDI) / (PDI + MDI) * 100
35  ADX = sma(DX, Length)
36  // プロットする
37  plot(PDI, color = color.red)
38  plot(MDI, color = color.blue)
39  plot(ADX, color = color.black, linewidth = 2)
```

□リスト6.1 DMIのゴールデンクロス

```
1   //@version=4
2   study("DMIによる買いポイント", precision = 2)
3   // 入力部分を作成する
4   Length = input(title = "DMI・ADXの本数",
     type = input.integer, defval = 14, minval = 1)
5   // 関数を定義する
6   CalcPDM() =>
7       pdm = high - high[1]
8       mdm = low[1] - low
9       if pdm < 0
10          0
11      else if pdm < mdm
12          0
13      else
14          pdm
15  CalcMDM() =>
16      pdm = high - high[1]
17      mdm = low[1] - low
18      if mdm < 0
19          0
20      else if mdm < pdm
21          0
22      else
23          mdm
24  // 関数を使用し計算する
25  PDM = CalcPDM()
26  MDM = CalcMDM()
27  // ATRの計算
28  TR = max(high, close[1]) - min(low, close[1])
29  ATR = sma(TR, Length)
30  //PDI,MDIの計算
31  PDI = sma(PDM, Length) / ATR * 100
32  MDI = sma(MDM, Length) / ATR * 100
```

```
33    //ADXの計算
34    DX = abs(PDI - MDI) / (PDI + MDI) * 100
35    ADX = sma(DX, Length)
36    // プロットする
37    plot(PDI, color = color.red)
38    plot(MDI, color = color.blue)
39    plot(ADX, color = color.black, linewidth = 2)
40    // 買いポイントを求める
41    BuyPoint_DMI = PDI[1] < MDI[1] and MDI < PDI
42    BuyPoint = BuyPoint_DMI
43    // 買いポイントに背景色を設定
44    bgcolor(BuyPoint ?
       color.red : color.new(color.green, 100))
```

•追加・修正箇所

2行目

　タイトルを"DMIによる買いポイント"にします。

4行目

　input関数[1]でDMIとADXの本数を入力する箇所です。今後ADX以外の本数を入力させることがあるため、タイトルを"DMI・ADXの本数"にします。

40〜42行目

　DMIが買いポイントとなる地点を求めます。

41行目で現在足の1本前ではPDIよりもMDIのほうが大きく、現在足ではMDIよりもPDIのほうが大きい足かどうかを判定します。

42行目で、買いポイントを変数BuyPointに入れます。現時点ではDMIによる買いポイントの判定のみ行っていますが、今後ADX等別の指標を使って買いポイントの判定を追加するためです。

43〜44行目

　bgcolor関数[2]でDMIによる買いポイントの背景色を赤にします。

1　3.1.6項参照

2　4.1.1項参照

■図6.2 DMIのゴールデンクロス

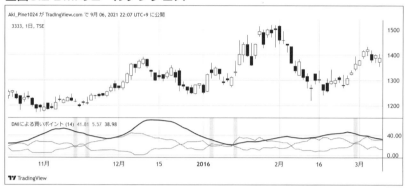

　背景色のついた足がすべて買いポイントとなります。背景色のついた足の翌足の始値で買いとなります。DMIのゴールデンクロスだけでは、ダウントレンドや保合いでも買いポイントとなっています。

　次節ではADXの判定を追加して、ダウントレンドや保合いで買いポイントとならないように、強いアップトレンドのときに買うようにします。

6.1.2 ADXによるトレンド判定

　【リスト6.1】を修正し、ADXによるトレンド判定を買いポイントの判定に追加します。

　DMIのゴールデンクロスにADXが30以上の条件を加え、両方の条件を満たした足を買いポイントとし、背景色を赤にします。

□リスト6.2 ADXによるトレンド判定

```
1   //@version=4
2   study("DMIによる買いポイント", precision = 2)
3   // 入力部分を作成する
4   Length = input(title = "DMI・ADXの本数",
     type = input.integer, defval = 14, minval = 1)
5   Trend_ADX = input(
     title = "トレンド発生とするADXの値",
     type = input.integer, defval = 30, minval = 1)
6   // 関数を定義する
7   CalcPDM() =>
8       pdm = high - high[1]
9       mdm = low[1] - low
10      if pdm < 0
11          0
12      else if pdm < mdm
13          0
14      else
15          pdm
16  CalcMDM() =>
17      pdm = high - high[1]
18      mdm = low[1] - low
19      if mdm < 0
20          0
21      else if mdm < pdm
22          0
23      else
24          mdm
25  // 関数を使用し計算する
26  PDM = CalcPDM()
27  MDM = CalcMDM()
28  // ATRの計算
29  TR = max(high, close[1]) - min(low, close[1])
30  ATR = sma(TR, Length)
31  // PDI,MDIの計算
32  PDI = sma(PDM, Length) / ATR * 100
33  MDI = sma(MDM, Length) / ATR * 100
34  // ADXの計算
35  DX = abs(PDI - MDI) / (PDI + MDI) * 100
36  ADX = sma(DX, Length)
```

```
37 | // プロットする
38 | plot(PDI, color = color.red)
39 | plot(MDI, color = color.blue)
40 | plot(ADX, color = color.black, linewidth = 2)
41 | // 買いポイントを求める
42 | BuyPoint_DMI = PDI[1] < MDI[1] and MDI < PDI
43 | BuyPoint_ADX = Trend_ADX <= ADX
44 | BuyPoint = BuyPoint_DMI and BuyPoint_ADX
45 | // 買いポイントに背景色を設定
46 | bgcolor(BuyPoint ?
   |  color.red : color.new(color.green, 100))
```

•追加・修正箇所

5行目

　4行目と5行目の間にトレンド発生とするADXの値を入力する箇所を追加します。入力はinput関数[1]で行い、値は変数Trend_ADXに代入します。今回はADXが30以上となったらトレンド発生とするので、defval = 30とします。

43〜44行目

　5行目を追加した後の42行目と43行目の間でADXによるトレンド発生かどうかを判定する行を追加します。ADXがTrend_ADX以上となればトレンド発生といえます。

44行目でADXによるトレンド発生を買いポイントの判定に追加します。

1　3.1.6項参照

■図6.3 ADXによるトレンド判定

　【図6.2】の買いポイントと比べると、ダウントレンドや保合いの部分での買いポイントが少なくなっています。無駄な売買を減らすことができました。

6.1.3 MAによるアップトレンド判定

　【リスト6.2】を修正し、MAによるアップトレンド判定を買いポイントの判定に追加します。

□リスト6.3 MAによるアップトレンド判定

```
1   //@version=4
2   study("DMIによる買いポイント", precision = 2)
3   // 入力部分を作成する
4   Length = input(title = "DMI・ADXの本数",
     type = input.integer, defval = 14, minval = 1)
5   Trend_ADX = input(
     title = "トレンド発生とするADXの値",
     type = input.integer, defval = 30, minval = 1)
6   MALength = input(title = "移動平均線の本数",
     type = input.integer, defval = 50, minval = 1)
7   // 関数を定義する
8   CalcPDM() =>
9       pdm = high - high[1]
10      mdm = low[1] - low
11      if pdm < 0
12          0
13      else if pdm < mdm
14          0
15      else
16          pdm
17  CalcMDM() =>
18      pdm = high - high[1]
19      mdm = low[1] - low
20      if mdm < 0
21          0
22      else if mdm < pdm
23          0
24      else
25          mdm
26  // 関数を使用し計算する
27  PDM = CalcPDM()
28  MDM = CalcMDM()
29  // ATRの計算
30  TR = max(high, close[1]) - min(low, close[1])
31  ATR = sma(TR, Length)
32  //PDI,MDIの計算
33  PDI = sma(PDM, Length) / ATR * 100
34  MDI = sma(MDM, Length) / ATR * 100
35  // ADXの計算
36  DX = abs(PDI - MDI) / (PDI + MDI) * 100
37  ADX = sma(DX, Length)
```

```
38  // MAの計算
39  MA = sma(close, MALength)
40  // プロットする
41  plot(PDI, color = color.red)
42  plot(MDI, color = color.blue)
43  plot(ADX, color = color.black, linewidth = 2)
44  // 買いポイントを求める
45  BuyPoint_DMI = PDI[1] < MDI[1] and MDI < PDI
46  BuyPoint_ADX = Trend_ADX <= ADX
47  BuyPoint_MA = MA < close
48  BuyPoint = BuyPoint_DMI and BuyPoint_ADX
    and BuyPoint_MA
49  // 買いポイントに背景色を設定
50  bgcolor(BuyPoint ?
    color.red : color.new(color.green, 100))
```

•追加・修正箇所

6行目

　5行目と6行目の間に移動平均線の本数を入力する箇所を追加します。入力はinput関数[1]で行い、値は変数MALengthに代入します。今回は50本の移動平均線以上となったらアップトレンドとするので、defval = 50とします。

38〜39行目

　6行目を追加した後の37行目と38行目の間で単純移動平均を計算します。単純移動平均の計算にはsma関数[2]を使います。

47〜48行目

　6行目、38行目、39行目を追加した後の46行目と47行目の間でMAによるアップトレンドかどうかを判定する行を追加します。MAより終値closeのほうが大きければトレンド発生といえます。

48行目にMAによるアップトレンドの判定を追加し、買いポイント

1　3.1.6項参照

2　3.1.4項参照

の判定を行います。

■図6.4 MAによるアップトレンド判定

【図6.3】の買いポイントと比べると、保合いの部分の買いポイント
が減っています。他の時間帯や他の銘柄でも買いポイントを見て、必
要に応じてインジケーターのパラメーターを調整したり、さらにイン
ジケーターを追加することも可能です。

　最後に、【リスト6.1】DMIのゴールデンクロスのみの場合、【リス
ト6.2】ADXによるトレンド判定を追加した場合、さらに【リスト
6.3】MAによるアップトレンド判定も追加した場合の、買いポイント
を【図6.5】で比較してみます。

　DMIのゴールデンクロスの条件だけでは5カ所あった買いポイン
トが、ADXの条件を追加すると4カ所に、さらにMAの条件を追加
すると2カ所まで減りました。

■図6.5 リスト6.1〜6.3の記述による買いポイントの比較

6.2 RSIによる買いポイント

　本項では3.2節で作成したRSIを使って買いポイントを示すインジケーターを作成します。

　RSIがターゲット（下）未満となるまで価格が大きく下落した後、一定の本数以内にRSIがターゲット（上）より大きくなった地点を買いポイントとします。

　まず、6.2.1項でRSIがターゲット（下）未満になる地点を探します。次に、6.2.2項でターゲット（下）未満になった足から一定の本数以内に、RSIがターゲット（上）より大きくなる地点を買いポイントとします。

　この買いポイントは、ある程度大きい価格の波を捉えるのが目的なので、日足で使うこともできますが週足や月足で使うことを前提とします。

■図6.6 RSIによる買いポイント

6.2.1 RSIがターゲット（下）未満となる地点

　【リスト3.15】を修正して、RSIがターゲット（下）未満となる地点の背景色を青にします。

□リスト3.15 RSIシグナル表示切替処理追加後のプログラム（再掲）

```
1   //@version=4
2   study(title = "Relative Strength Index",
    shorttitle = "RSI", precision = 1)
3   // 入力部分を作成する
4   Source = input(title = "ソース",
    type = input.source, defval = close)
5   RSI_Length = input(title = "RSIの本数",
    type = input.integer, defval = 12, minval = 2,
    maxval = 20)
6   isDisplayRSI_Signal = input(title = "RSIシグナルを表示する",
    type = input.bool, defval = true)
7   RSI_Signal_Length = input(
    title = "RSIシグナルの本数", type = input.integer,
    defval = 12, minval = 2, maxval = 20)
8   // 関数を定義する
9   Wilder_RSI(source, length) =>
10      delta = source - source[1]
11      plus = sum(delta > 0 ? delta : 0, length)
12      minus = sum(delta < 0 ? delta : 0, length)
13      plus / (plus - minus) * 100
14  // 関数を使用し計算する
15  RSI = Wilder_RSI(Source, RSI_Length)
16  RSI_Signal = sma(RSI, RSI_Signal_Length)
17  // プロットする
18  plot(RSI, title = "RSI", style = plot.style_line,
    color = color.black, linewidth = 2)
19  plot(RSI_Signal, title = "RSIシグナル",
    style = plot.style_line,
    color = color.new(color.gray,
    isDisplayRSI_Signal ? 0 : 100),
    linewidth = 1, editable = false)
```

□リスト6.4 RSIがターゲット（下）未満となる地点

```
1    //@version=4
2    study(title = "Relative Strength Index",
      shorttitle = "RSIによる買いポイント", precision = 1)
3    // 入力部分を作成する
4    Source = input(title = "ソース",
      type = input.source, defval = close)
5    RSI_Length = input(title = "RSIの本数",
      type = input.integer, defval = 13, minval = 2,
      maxval = 20)
6    Target_Low = input(title = "ターゲット（下）",
      type = input.integer, defval = 30, minval = 0,
      maxval = 100)
7    // 関数を定義する
8    Wilder_RSI(source, length) =>
9        delta = source - source[1]
10       plus = sum(delta > 0 ? delta : 0, length)
11       minus = sum(delta < 0 ? delta : 0, length)
12       plus / (plus - minus) * 100
13   // 関数を使用し計算する
14   RSI = Wilder_RSI(Source, RSI_Length)
15   // 買いポイントを求める
16   isTarget_Low =
      Target_Low <= RSI[1] and RSI < Target_Low
17   // プロットする
18   plot(RSI, title = "RSI", style = plot.style_line,
      color = color.black, linewidth = 2)
19   hline(Target_Low, title = "ターゲット（下）",
      linestyle = hline.style_dashed,
      color = color.blue, editable = false)
20   // 買いポイントに背景色を設定
21   bgcolor(isTarget_Low ?
      color.blue : color.new(color.green, 100))
```

•追加・修正箇所

2行目

　タイトルを、"RSIによる買いポイント"にします。

5行目

input関数[1]でRSIの本数を入力する箇所です。週足で利用すること
を想定し、3カ月間のRSIを求めます。3カ月を13週として、標準
の値を13とするため、defval = 13とします。

6〜7行目

6行目、7行目のRSIシグナルに関する入力ですが、今回はRSIシグ
ナルを表示させないので行ごと削除します。

6行目

6〜7行目を行ごと削除した後の5行目と6行目の間で、input関数
を使いターゲット（下）の値を入力させるようにします。RSIが30未
満になったら大きく下落したと判断するため、defval = 30とします。
また、RSIは0〜100の値をとるので、minval = 0、maxval = 100
とします。

15行目

今回はRSIシグナルを表示させないので行ごと削除します。

15〜16行目

15行目を行ごと削除した後の14行目と15行目の間で買いポイント
を求めます。買いポイントは、1本前のRSIの値がターゲット（下）
以上かつ、現在足のRSIの値がターゲット（下）未満となった地点
とします。

19行目

18行目と19行目の間でhline関数[2]を使い、ターゲット（下）の位
置に水平線を引きます。

20行目

今回はRSIシグナルを表示させないので行ごと削除します。

1　3.1.6項参照

2　4.2.1項参照

20〜21行目

bgcolor関数[1]で1本前のRSIの値がターゲット（下）以上かつ、現在足のRSIの値がターゲット（下）未満となった地点の背景色を青にします。

■図6.7 RSIがターゲット（下）未満となる地点

RSIがターゲット（下）未満となった地点に青色背景がつきました。

6.2.2 RSIがターゲット（上）より大きくなる地点

【リスト6.4】を修正し、ターゲット（下）未満になった足からターゲット（下）後の本数以内に、RSIがターゲット（上）より大きくなる地点の背景色を赤にします。

---

1   4.1.1項参照

□リスト6.5 RSIによる買いポイント

```
1   //@version=4
2   study(title = "Relative Strength Index",
     shorttitle = "RSIによる買いポイント", precision = 1)
3   // 入力部分を作成する
4   Source = input(title = "ソース",
     type = input.source, defval = close)
5   RSI_Length = input(title = "RSIの本数",
     type = input.integer, defval = 13, minval = 2,
     maxval = 20)
6   Target_High = input(title = "ターゲット（上）",
     type = input.integer, defval = 50, minval = 0,
     maxval = 100)
7   Target_Low = input(title = "ターゲット（下）",
     type = input.integer, defval = 30, minval = 0,
     maxval = 100)
8   After_Target_Low =
     input(title = "ターゲット（下）後の本数",
     type = input.integer, defval = 13, minval = 1)
9   // 関数を定義する
10  Wilder_RSI(source, length) =>
11      delta = source - source[1]
12      plus = sum(delta > 0 ? delta : 0, length)
13      minus = sum(delta < 0 ? delta : 0, length)
14      plus / (plus - minus) * 100
15  // 関数を使用し計算する
16  RSI = Wilder_RSI(Source, RSI_Length)
17  // 買いポイントを求める
18  isTarget_Low =
     Target_Low <= RSI[1] and RSI < Target_Low
19  BuyPoint_After_Target =
     0 < sum(isTarget_Low ? 1 : 0, After_Target_Low)
20  isTarget_High =
     RSI[1] <= Target_High and Target_High < RSI
21  BuyPoint =
     BuyPoint_After_Target and isTarget_High
22  // プロットする
23  plot(RSI, title = "RSI", style = plot.style_line,
     color = color.black, linewidth = 2)
24  hline(Target_High, title = "ターゲット（上）",
     linestyle = hline.style_dashed,
     color = color.red, editable = false)
```

```
25  hline(Target_Low, title = "ターゲット（下）",
     linestyle = hline.style_dashed,
     color = color.blue, editable = false)
26  // 買いポイントに背景色を設定
27  bgcolor(isTarget_Low ?
     color.blue : color.new(color.green, 100))
28  bgcolor(BuyPoint ?
     color.red : color.new(color.green, 100))
```

•追加・修正箇所

6行目

　5行目と6行目の間で、input関数[1]を使ってターゲット（上）の値を入力させるようにします。RSIが50より大きくなったら価格が戻ってきたと判断するため、defval = 50とします。また、RSIは0～100の値をとるので、minval = 0、maxval = 100とします。

8行目

　6行目を追加した後の7行目と8行目の間で、input関数を使ってターゲット（下）後の本数を入力させるようにします。3カ月を13週として、標準の値を13とするため、defval = 13とします。

19～21行目

　18行目と19行目の間に3行追加し、買いポイントを求めます。

　19行目で、RSIがターゲット（下）未満になった後、ターゲット（下）後の本数以内かどうかを判定します。現在足からさかのぼり過去ターゲット（下）後の本数以内に、少なくとも1本以上RSIがターゲット（下）未満の地点が存在するかを確認します。存在する場合、RSIがターゲット（下）未満になった後、ターゲット（下）後の本数以内であるといえます。

　20行目で1本前のRSIの値がターゲット（上）以下かつ、現在足の

1　3.1.6項参照

RSIの値がターゲット（上）より大きくなったかを判定します。

21行目で買いポイントとなる足を求めます。買いポイントは19行目と20行目の両方を満たす地点です。

24行目

19〜21行目を追加した後の23行目と24行目の間で、hline関数[1]を使い、ターゲット（上）の位置に水平線を引きます。

28行目

bgcolor関数[2]を使い、買いポイントの背景色を赤にします。

■図6.8 RSIによる買いポイント

① RSIが「ターゲット（下）未満」となった地点です。背景色は青色です。

② ①の地点から「ターゲット（下）後の本数」以内かつ初めて「RSIがターゲット（上）」より大きくなった地点です。この足の翌足始値で購入します。背景色は赤色です。

③ ①の地点から「ターゲット（下）後の本数」以内かつ「RSIがターゲット（上）」より大きくなった地点ですが、すでに②で「RSIが

1　4.2.1項参照

2　4.1.1項参照

ターゲット（上）」より大きくなった地点が存在するので、この足
では何もしません。背景色は赤色です。

6.3 買値からの割合による売りポイント

・買値からの割合による売りポイントについて

　一回の購入に対して、購入価格より上に利確値、下に損切値をそれ
ぞれ計算し、「購入した足から利確値または損切値に到達したところ
で売却する方法」です。購入後は利確値・損切値を変更しません。

　ローソク足の始値で買うことを想定しているので、買値は始値です。

　買値から利確までの値幅は、買値である始値に利確の倍率をかけて
求めます。始値に買値から利確までの値幅を加えた値が利確値となり
ます。

　同様に、買値から損切までの値幅は、買値である始値に損切の倍率
をかけて求めます。始値に買値から損切までの値幅を引いた値が損切
値となります。

　利確値に赤色の点を、損切値に水色の点をプロットします。

■図6.9 買いポイント①と購入した足②と売却した足③

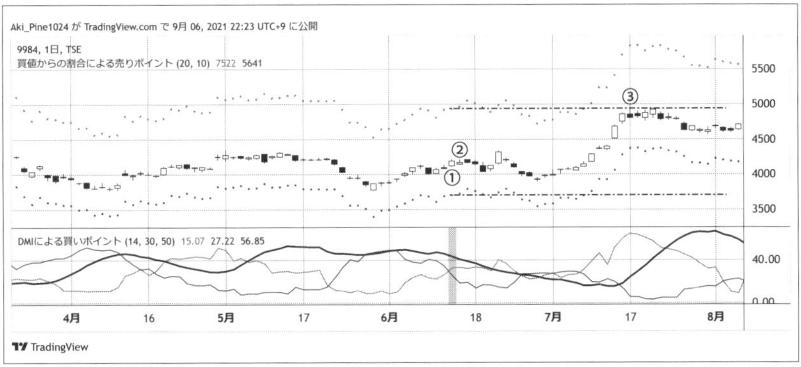

　【図6.9】のようにローソク足の上下にそれぞれ点がプロットされま
す。ローソク足の上側にあるのが利確値、下側にあるのが損切値です。

今回は、DMIによる買いポイント[1]より、【リスト6.3】から買いポイントを求めます（図中①）。

　買いポイントを確認し、翌足（図中②）始値で購入します。購入後は株価が購入サインの出た足（図中①）における利確値もしくは損切値（図中の一点鎖線は説明のために追加した線なのでTradingView上では表示されません）のどちらかに到達するのを待ちます。今回は損切値に到達する前に利確値になった（図中③）ので、利益のトレードとなりました。

•計算式
・買値から利確までの値幅
　始値×利確の倍率÷100
・利確値
　始値＋買値から利確までの値幅
・買値から損切までの値幅
　始値×損切の倍率÷100
・損切値
　始値−買値から損切までの値幅

1　6.1.3項参照

■図6.10 買値からの割合による利確・損切値の算出

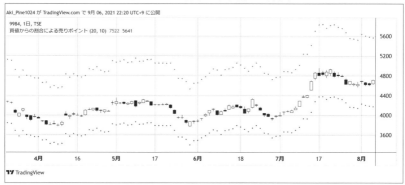

□リスト6.6 買値からの割合による利確・損切値の算出

```
1   //@version=4
2   study("買値からの割合による売りポイント", overlay = true)
3   // 入力部分を作成する
4   Nhigh = input(type = input.float,
      title = "利確の倍率（%）", defval = 20.0, minval = 0.1)
5   Nlow = input(type = input.float,
      title = "損切の倍率（%）", defval = 10.0, minval = 0.1)
6   // 利確・損切値の計算
7   ProfitDelta = open * Nhigh / 100
8   ProfittakePrice = open + ProfitDelta
9   LossDelta = open * Nlow / 100
10  LosscutPrice = open - LossDelta
11  // プロットする
12  plot(ProfittakePrice, title = "利確",
      style = plot.style_circles, color = color.red)
13  plot(LosscutPrice, title = "損切",
      style = plot.style_circles, color = color.blue)
```

•PineScript解説

1行目

PineScriptのバージョンを指定します。

2行目

study関数[1]でタイトルを指定します。

3～5行目

input関数[2]で入力部分を作成します。

4行目、5行目はそれぞれ利確の倍率と損切の倍率の入力部分です。type = input.floatで、小数を入力させるようにします。利確の倍率であるNhighはdefval = 20.0で標準の値を20に、損切の倍率であるNlowはdefval = 10.0で標準の値を10に設定します。標準の値では、買値から20%上昇したら利確、10%下落したら損切します。また、0やマイナスの値を入力できないようにするため、minval = 0.1とし、0.1より小さい値を入力できないようにします。

6～10行目

利確・損切値を計算します。

7行目で買値から利確までの値幅を、8行目で利確値を求めます。

9行目で買値から損切までの値幅を、10行目で損切値を求めます。

11～13行目

plot関数[3]で利確値と損切値をそれぞれプロットします。線にすると見た目がうるさくなるので線種をplot.style_circlesにします。

1　3.1.2項参照

2　3.1.6項参照

3　3.1.5項参照

6.4 ローバンドによる売りポイント（トレイリングストップ）

• ローバンドによる売りポイントについて

　ローバンドの切上げに合わせて売却する価格を上昇させていく方法です。「トレイリングストップ」と呼ばれることもあります。

　買値からの割合による売りポイントでは、1回の購入に対して、購入価格より上に利確値、下に損切値をそれぞれ計算し、購入したらそれらの値を変更せず売却まで待ちました。今回は足が更新されるごとに売却する価格を変更し、売却する価格以下となったら売ります。

　足が更新されるたびに最新足の過去Length本最安値を計算し、次の足で過去Length本最安値を切り下げたら、過去Length本最安値の価格で売却します。

　ただし、次の足で窓が開いて下落し、始値が過去Length本最安値より安くなった場合は、その足の始値が売値となります。

　過去Length本の最安値であるローバンドを描き、安値が1本前のローバンド以下となった地点が売却する足となります。売却する足の売値に×印を付けます。

　【図6.11】で具体的な使い方を説明します。

■図6.11 買いポイント①と購入した足②と売却した足③

RSIによる買いポイント[1]より、【リスト6.5】から買いポイントを求めます（図中①）。

　買いポイントを確認し、翌足（図中②）始値で購入します。購入後は、足が更新されるたびにローバンドの値を確認し、1本前のローバンドの価格まで下がったら売却します。

　売却は、1本前のローバンド以下となった×印（図中③）の地点で行います。今回は利益が伸びていき、購入価格よりも高い値段で売ることができたので、利益のトレードとなりました。

•計算式

・最安値

過去Length本の安値のうち最も安いもの

・売却地点

安値が1本前の最安値以下となった地点

・売値

前日の最安値か当日の始値のうち安いほう

■図6.12 ローバンドによる売却地点・売却値の算出

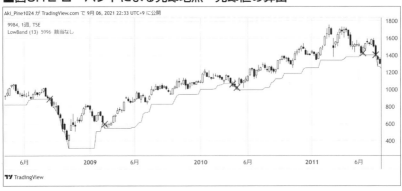

1　6.2.2項参照

□リスト6.7 ローバンドによる売却地点・売却値の算出

```
1    //@version=4
2    study("ローバンド", shorttitle = "LowBand", overlay = true)
3    // 入力部分を作成する
4    Length = input(type = input.integer,
      title = "本数", defval = 13, minval = 1)
5    // 最安値の計算
6    Lowest = lowest(low, Length)
7    // 安値を切り下げたか
8    isLowDevaluation =
      Lowest[1] > Lowest and Lowest[2] <= Lowest[1]
9    SellPrice = min(Lowest[1], open)
10   // プロットする
11   plot(Lowest, color = color.blue)
12   plotshape(isLowDevaluation ? SellPrice : na,
      style = shape.xcross,
      location = location.absolute,
      color = color.purple, size = size.small)
```

•PineScript解説

1行目

PineScriptのバージョンを指定します。

2行目

study関数[1]でタイトルを指定します。

3～4行目

input関数[2]で入力部分を作成します。

4行目は計算する足の本数の入力部分です。type = input.integerで、整数を入力させるようにします。defval = 13で標準の値を13に設定します。また、足の本数に0やマイナスの値を入力できないようにするため、minval = 1とし、1より小さい値を入力できないようにします。

---

1 3.1.2項参照

2 3.1.6項参照

6行目でlowest関数[1]を使い、過去Length本最安値を求めます。

8行目で売却ポイントを計算します。安値を切り下げたかどうかを判断します。ただし、１本前の安値を切り下げた条件のみでは、安値切り下げを続ける状況で売却ポイントが続き、シグナルが多くなって見にくくなってしまいます。そこで、安値切り下げが続くのであれば、最初に安値を切り下げた足のみを売却ポイントとしてプロットします。そのため、１本前の安値が２本前の安値を切り下げている場合は売却ポイントとしません。

9行目で売却価格を計算します。現在足の安値が１本前の足のLength本最安値以下となったら、１本前の足のLength本最安値で売却します。ただし、窓が開いた状態で１本前の足のLength本最安値を下回ったら、窓の開いた足の始値で売却することになります。そのため、売値は１本前の足のローバンドか、始値の価格のいずれか安いほうとなります。ローバンドと安値のうち安いほうの価格はmin関数[2]で求めます。

11行目でplot関数[3]を使い、最安値をプロットします。

12行目でplotshape関数[4]を使い、売却地点に×印のシェイプを作成します。

1　5.1.3項参照

2　5.2.7項参照

3　3.1.5項参照

4　4.1.5項参照

第7章

バックテスト用の
ストラテジーを作成する

最終章では、これまでのPineScriptをさらに発展させて、注文ポイント、決済ポイント、株数を指定したストラテジーを作成し、バックテストで有効性の確認もします。

7.1 ストラテジーについて

　ストラテジーを作成し、バックテストを行います。

　7.1.1項では「値幅を指定して決済」するストラテジーのサンプルを、7.1.2項では「価格を指定して決済」するストラテジーのサンプルを紹介します。注文及び決済の方法を紹介した後、サンプルから汎用性の高いストラテジーのテンプレートを作成します。7.1.3項で、バックテストの結果をストラテジーテスターで確認します。

■図7.1 ストラテジーで表示される売買履歴

■図7.2 バックテストの結果を数値で確認

株式スクリーナー ∨　テキストノート　Pine エディタ　ストラテジーテスター　トレードパネル				— ▢
ストラテジーサンプル ⚙ ⊙ ⎙		概要　パフォーマンスサマリー	トレード一覧 ⑦	
	すべて	ロング	ショート	
純利益	72400.00 ¥ 72.4 %	72400.00 ¥ 72.4 %	0 ¥ 0 %	
総利益	120000.00 ¥ 120 %	120000.00 ¥ 120 %	0 ¥ 0 %	
総損失	47600.00 ¥ 47.6 %	47600.00 ¥ 47.6 %	0 ¥ 0 %	
最大ドローダウン	11400.00 ¥ 6.2 %			
バイ・アンド・ホールドでのリターン	134649.12 ¥ 134.65 %			
シャープレシオ	0.215			
プロフィットファクター	2.521	2.521	該当なし	

7.1.1 値幅を指定して決済するストラテジー

　Pineスクリプト言語リファレンスマニュアルのstrategy.entry内の
サンプルコードを参考にしたストラテジーのサンプルを示します。

　【リスト7.1】は、値幅を指定して決済するストラテジーのサンプル
です。以下のように買い、売り（利確・損切）を行います。

・終値が移動平均線（終値、30本）をゴールデンクロスしたら買い
・買値から100円上昇したら利確
・買値から20円下落したら損切

□リスト7.1 値幅を指定して決済するストラテジーのサンプル

```
1  //@version=4
2  strategy(title = "ストラテジーサンプル",
    shorttitle = "ストラテジー", overlay = true)
3  MA = sma(close, 30)
4  plot(MA)
5  strategy.entry(id = "long", long = strategy.long,
    qty = 100, when = crossover(close, MA))
6  strategy.exit(id = "exit", from_entry = "long",
    profit = 100, loss = 20)
```

　インジケーターと同様、1行目はバージョン指定行です。2行目で
「**strategy関数**」を使ってストラテジーのプロパティを指定します。

■strategy関数（使用する引数のみ抜粋）

説明	ストラテジーのプロパティを設定する
構文	strategy(title, shorttitle, overlay)
引数	title（必須、定数の文字列型） 　長いタイトルを指定します。 shorttitle（任意、定数の文字列型） 　短いタイトルを指定します。 overlay（任意、定数のブール型） 　trueにするとローソク足の上に重ねて表示されます。 　指定しないと自動的にfalseになります。
戻り値	なし

3行目でエントリーポイント用の移動平均線の計算を行います。

4行目で移動平均線をプロットします。

5行目で「strategy.entry関数」を使って注文を行います。

■strategy.entry関数（使用する引数のみ抜粋）

説明	注文する
構文	strategy.entry(id, long, qty, when)
引数	id（必須、文字列型） 　注文の識別子を文字列で指定します。識別子には好きな 　文字列を指定することができます。 　決済時にどの注文を決済するか指定するときに使用します。 long（任意、ブール型） 　trueまたはstrategy.longを指定すると買い（ロング）、 　falseまたはstrategy.shortを指定すると売り（ショー 　ト）です。 qty（任意、小数型） 　購入する株数を指定します。 when（任意、ブール型） 　trueの足の翌足始値で注文されます。
戻り値	なし

　注文の識別子を"long"にします。買い（ロング）を行うので、long
= strategy.longにします。数量を表すqty（quantity）は100株購入す

るのでqty = 100にします。3行目で終値が移動平均線を上抜けした
地点で買い注文を入れます。上抜けしたかどうかは「**crossover関数**」
を使って判定します。

■crossover関数

説明	xがyを超えたか判定する
構文	`crossover(x, y)`
引数	x（必須、小数型） 　超えたかどうかを判断する数値。 y（必須、小数型） 　超えたかどうかを判断する数値。
戻り値	xがyを超えたら`true`、そうでなければ`false`（ブール型）

　strategy.entry関数の引数でwhen = crossover(close, MA)にします。
6行目の「strategy.exit関数」で決済を行います。

■strategy.exit関数（使用する引数のみ抜粋）

説明	注文の識別子を指定し、決済する
構文	`strategy.exit(id, from_entry, profit, loss, limit, stop)`
引数	id（必須、文字列型） 決済の識別子を文字列で指定します。識別子には好きな文字列を指定することができます。
	from_entry（任意、文字列型） 決済したい注文の識別子。空の文字列を指定するとすべての注文が決済されます。
	profit（任意、小数型） 利確までの価格幅。株価が買値＋利確までの価格幅に達すると決済されます。
	loss（任意、小数型） 損切までの価格幅。株価が買値－損切までの価格幅に達すると決済されます。
	limit（任意、小数型） 利確する価格（買値より高い価格）を指定します。指定した価格に到達したら決済します。profitが買値からの値幅を指定するのに対し、決済する価格を直接指定します。profitとlimitを同時に指定すると、limitが優先されます。
	stop（任意、小数型） 損切する価格（買値より低い価格）を指定します。指定した価格に到達したら決済します。lossが買値からの値幅を指定するのに対し、決済する価格を直接指定します。lossとstopを同時に指定すると、stopが優先されます。
戻り値	なし

　決済の識別子を"exit"にします。5行目で行った注文を決済したいので、from_entry = "long"で注文の識別子longを指定します。買値から100円上昇したら利確したいので、profit = 100にします。一方、買値から20円下落したら損切したいので、loss = 20にします。

　ストラテジーを「チャートに追加」すると、チャートの注文または決済した足に以下のものが表示されます。

・買い（ロング）注文は水色の上矢印↑

・売り（ショート）注文は赤色の下矢印↓

・決済は紫色の注文と反対方向の矢印

・注文または決済の識別子

・取引した株数（＋は買い、−は売り）

・注文価格の位置に右向き、決済価格の位置に左向きの三角

■図7.3 チャート上に表示される売買ポイント

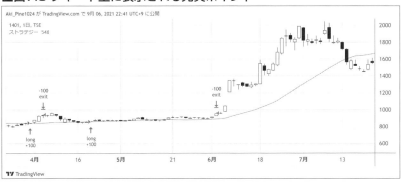

【リスト7.1】を参考にして、「値幅を指定して決済するストラテジーのテンプレート」を作ります。テンプレートをコピー＆ペーストして注文ポイントや決済ポイントを修正するだけで、さまざまなストラテジーを作ることができます。

□リスト7.2 値幅を指定して決済するストラテジーのテンプレート

```
1    //@version=4
2    strategy(title = "ストラテジーテンプレート",
      shorttitle = "ストラテジー", overlay = true)
3
4    //=============
5    // 注文ポイント
6    //=============
7    BuyPoint = crossover(close, sma(close, 30))
8
9    //=============
10   // 決済ポイント
11   //=============
12   ProfitDelta = 100
13   LossDelta = 20
14
15   //=============
16   // 株数
17   //=============
18   Size = 100
19
20   //=============
21   // 注文・決済
22   //=============
23   strategy.entry(id = "long", long = strategy.long,
      qty = Size, when = BuyPoint)
24   strategy.exit(id = "exit", from_entry = "long",
      profit = ProfitDelta, loss = LossDelta)
```

7～8行目

注文ポイントを指定するコードを記入します。買いポイントを
BuyPoint変数に代入します。**汎用性を持たせるためにテンプレー
トにはplotを入れていません。**

12～14行目

決済ポイントを指定するコードを記入します。利確までの価格幅を
ProfitDelta、損切までの価格幅をLossDelta変数に代入します。

18～19行目

株数に関するコードを記入します。テンプレートではひとまず100

株を固定値で入れています。

23～24行目

注文・決済を行います。

7.1.2 価格を指定して決済するストラテジー

次に、価格を指定して決済するストラテジーのサンプルを、【リスト7.1】を一部修正して作成しましょう。

今回は、決済ポイントを以下のように修正します。

・移動平均線（終値、30本）の価格に到達したら決済を行う

strategy.exit関数を価格幅ではなく、価格を指定して決済するように修正します。株価が移動平均線（終値、30本）以下になったら決済します。

■strategy.exit関数（使用する引数のみ抜粋）

説明	注文の識別子を指定し、決済する
構文	strategy.exit(id, from_entry, stop)
引数	id（必須、文字列型） 　決済の識別子を文字列で指定します。識別子には好きな文字列を指定することができます。 from_entry（任意、文字列型） 　決済したい注文の識別子。空の文字列を指定するとすべての注文が決済されます。 stop（任意、小数型） 　損切する価格（買値より低い価格）を指定します。指定した価格に到達したら決済します。lossが買値からの値幅を指定するのに対し、決済する価格を直接指定します。lossとstopを同時に指定すると、stopが優先されます。
戻り値	なし

【リスト7.1】の6行目では、価格幅をprofitとlossで指定しました。今回は価格幅ではなく価格を直接指定するためstopを使います。損切価格を移動平均線の価格にしたいので、stop = MAに修正します。

【リスト7.1】の6行目

```
6   strategy.exit(id = "exit", from_entry = "long",
    profit = 100, loss = 20)
```

```
6   strategy.exit(id = "exit", from_entry = "long",
    stop = MA)
```

□リスト7.3 価格を指定して決済するストラテジーのサンプル

```
1   //@version=4
2   strategy(title = "ストラテジーサンプル",
    shorttitle = "ストラテジー", overlay = true)
3   MA = sma(close, 30)
4   plot(MA)
5   strategy.entry(id = "long", long = strategy.long,
    qty = 100, when = crossover(close, MA))
6   strategy.exit(id = "exit", from_entry = "long",
    stop = MA)
```

■図7.4 チャート上に表示される売買ポイント

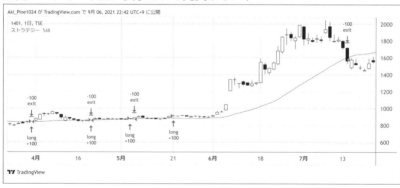

【リスト7.3】を参考に「価格を指定して決済するストラテジーのテ

ンプレート」を作ります。30本の移動平均線の価格を指定し、売却します。

□リスト7.4 価格を指定して決済するストラテジーのテンプレート

```
1  //@version=4
2  strategy(title = "ストラテジーサンプル",
   shorttitle = "ストラテジー", overlay = true)
3
4  //=============
5  // 注文ポイント
6  //=============
7  BuyPoint = crossover(close, sma(close, 30))
8
9  //=============
10 // 決済ポイント
11 //=============
12 SellPrice = sma(close, 30)
13
14 //=============
15 // 株数
16 //=============
17 Size = 100
18
19 //=============
20 // 注文・決済
21 //=============
22 strategy.entry(id = "long", long = strategy.long,
   qty = Size, when = BuyPoint)
23 strategy.exit(id = "exit", from_entry = "long",
   stop = SellPrice)
```

7〜8行目

　注文に関するコードを記入します。買いポイントをBuyPoint変数に代入します。

12〜13行目

　決済に関するコードを記入します。売却する価格をSellPrice変数に代入します。

17～18行目

　株数に関するコードを記入します。テンプレートではひとまず100株を固定値で入れています。

22～23行目

　注文・決済を行います。

7.1.3 ストラテジーテスター

　TradingViewの「**ストラテジーテスター**」で、作成したストラテジーのバックテストを行うことができます。

　バックテストを行うストラテジーをチャートに追加して、ストラテジーテスターを開くだけで簡単にバックテスト結果を見ることができます。

■**図7.5 ストラテジーテスター**

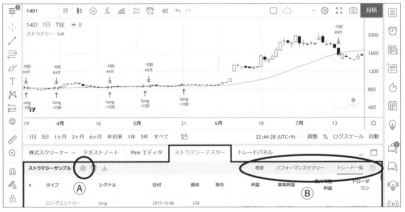

　ストラテジーテスターのタイトル右隣の歯車マーク（Ⓐ）をクリックすると、ストラテジーのプロパティを設定できます。プロパティの設定では、初期資金や手数料など、バックテストを行う前提条件を指

定できます。

■図7.6 ストラテジーのプロパティ

- 初期資金：バックテスト開始時点での総資金
- 基準通貨：バックテストを行う通貨
- 発注サイズ：購入株数（「取引」「JPY」「資産比％」から選べる）
  「取引」は100株、200株等の定数を必ず購入、「JPY」は指定した金額（日本円）ぶんを購入、「資産比％」は総資産の割合ぶんを購入します。いずれの場合も、**strategy.entry関数で注文指示するときにqtyで購入する株数を指定した場合はそちらが優先されます。**
- ピラミッティング：すでにポジションを保有している際に買い増すかどうか
  指定した数値が最大になるまで買い増し注文されます。1に指定した場合は、すでにポジションを保有しているとき、同一方向の注文は行いません。本書で紹介するストラテジーのPineScriptはピラミッティングが1、つまり買い増し注文を行わないことを前提に作成しています。

・手数料：一取引あたりの手数料

約定価格の％もしくは定数で指定できます。

・指値価格の厳密性、スリッページ：より厳密にバックテストを行う
ために、売買シグナルから数ティック分ずらす処理

バックテストではあくまで大まかな損益や、売買の特徴をつかむの
が目的なので、少なくとも株の現物買いのストラテジーでは設定す
る必要はあまり感じません。

　ストラテジーテスターの右上（Ⓑ）には、「概要」「パフォーマンス
サマリー」「トレード一覧」の3つのタブがあります。

　「概要」は【図7.7】のように、ストラテジーの成績の中でも特に重
要な数値と、資産のドローダウンと推移がグラフで表示されます。表
示されるのは、純利益、終了したトレードの合計（トレード回数）、
勝率、プロフィットファクター、最大ドローダウン、平均トレード
（トレード一回あたりの平均損益）、トレードでの平均バー数（トレ
ード一回あたりの保有期間）です。

■図7.7 概要

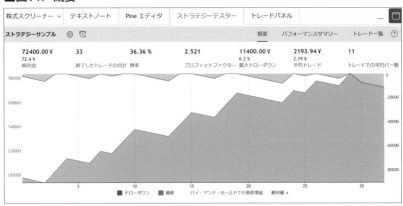

　「パフォーマンスサマリー」では、概要タブでは表示されなかった

数値を含めたより詳細なデータを確認できます。

■図7.8 パフォーマンスサマリー

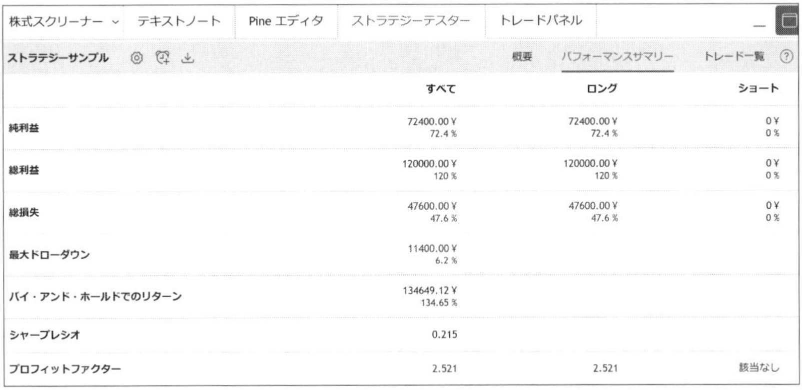

	すべて	ロング	ショート
純利益	72400.00 ¥ 72.4 %	72400.00 ¥ 72.4 %	0 ¥ 0 %
総利益	120000.00 ¥ 120 %	120000.00 ¥ 120 %	0 ¥ 0 %
総損失	47600.00 ¥ 47.6 %	47600.00 ¥ 47.6 %	0 ¥ 0 %
最大ドローダウン	11400.00 ¥ 6.2 %		
バイ・アンド・ホールドでのリターン	134649.12 ¥ 134.65 %		
シャープレシオ	0.215		
プロフィットファクター	2.521	2.521	該当なし

■表7.1 パフォーマンスサマリー（一部抜粋）

純利益	総利益－総損失
総利益	全トレードの利益合計
総損失	全トレードの損失合計
プロフィットファクター	総利益÷総損失
最大保有数	全トレードのうち最大購入株数
未決済の損益	保有中のトレードの含み損益合計
支払い済み手数料	全トレードの手数料合計
終了したトレードの合計	決済済トレード数
未決済トレードの合計	保有中トレード数
勝ちトレードの数	利益のトレード数
負けトレードの数	損失のトレード数
勝率	利益のトレード数÷トレード回数
平均トレード	総利益÷トレード回数
平均勝ちトレード	総利益÷利益のトレード数
平均負けトレード	総損失÷損失のトレード数
ペイオフレシオ	平均勝ちトレード÷平均負けトレード
最大勝ちトレード	一回のトレードでの最大利益
最大負けトレード	一回のトレードでの最大損失
トレードでの平均バー数	一回のトレードでの平均保有期間
勝ちトレードでの平均バー数	利益トレードの平均保有期間
負けトレードでの平均バー数	損失トレードの平均保有期間

　「トレード一覧」では、バックテストで行ったトレードの一覧が、エントリーと決済それぞれの日付と価格、取引（株数）と、そこから

求めた利益と、累積利益等が表示されます。さらに、一覧の中のトレードをクリックすると、取引の行われた地点のローソク足が表示されます。

■図7.9 トレード一覧

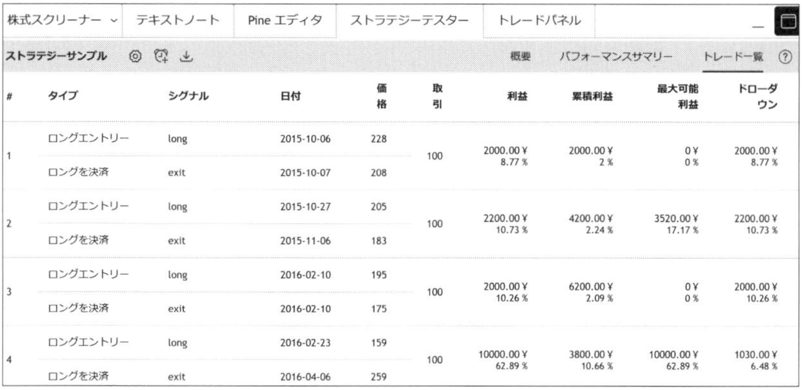

| 株式スクリーナー ∨ | テキストノート | Pine エディタ | ストラテジーテスター | トレードパネル | | _ 🔲 |

| ストラテジーサンプル ◎ ◎ ↓ | | | | 概要 | パフォーマンスサマリー | トレード一覧 ⑦ |

#	タイプ	シグナル	日付	価格	取引	利益	累積利益	最大可能利益	ドローダウン
1	ロングエントリー	long	2015-10-06	228	100	2000.00 ¥ 8.77 %	2000.00 ¥ 2 %	0 ¥ 0 %	2000.00 ¥ 8.77 %
	ロングを決済	exit	2015-10-07	208					
2	ロングエントリー	long	2015-10-27	205	100	2200.00 ¥ 10.73 %	4200.00 ¥ 2.24 %	3520.00 ¥ 17.17 %	2200.00 ¥ 10.73 %
	ロングを決済	exit	2015-11-06	183					
3	ロングエントリー	long	2016-02-10	195	100	2000.00 ¥ 10.26 %	6200.00 ¥ 2.09 %	0 ¥ 0 %	2000.00 ¥ 10.26 %
	ロングを決済	exit	2016-02-10	175					
4	ロングエントリー	long	2016-02-23	159	100	10000.00 ¥ 62.89 %	3800.00 ¥ 10.66 %	10000.00 ¥ 62.89 %	1030.00 ¥ 6.48 %
	ロングを決済	exit	2016-04-06	259					

7.2 DMIストラテジー

【リスト7.2】（値幅を指定して決済するストラテジーのテンプレート）をベースに、【表7.2】のルールでDMI（方向性指数）ストラテジーを作成します。

■表7.2 DMIストラテジーのルール一覧

	ルール
注文	リスト6.3（6.1節 DMIによる買いポイント）で求めた買いポイントの翌足で買い
株数	一回の取引の最大損失が総資産の1%未満となる最大の株数
決済	リスト6.6（6.3節 買値からの割合による売りポイント）で求めた利確値または損切値に到達したら売り

注文はDMIによる買いポイントの翌足に行います。DMIによる買いポイントは、DMIとMAによってアップトレンドを、ADXによって強いトレンドを確認します。

株数は1回の取引の最大損失が総資産の1％未満となる最大の株数として、リスクを限定します。詳細は7.2.3項で説明します。

決済は、買値からの割合による売りポイントにしたがって、買値から20％上昇したら利確、10％下落したら損切を機械的に行います。利確・損切までの割合はストラテジーのプロパティから自由に変更できます。

7.2.1 注文ポイントの追加

【リスト7.2】を修正して、DMIによる【リスト6.3】の買いポイントを注文ポイントに追加します。

□リスト7.2 値幅を指定して決済するストラテジーのテンプレート（再掲）

```
1   //@version=4
2   strategy(title = "ストラテジーテンプレート",
     shorttitle = "ストラテジー", overlay = true)
3
4   //=============
5   // 注文ポイント
6   //=============
7   BuyPoint = crossover(close, sma(close, 30))
8
9   //=============
10  // 決済ポイント
11  //=============
12  ProfitDelta = 100
13  LossDelta = 20
14
15  //=============
16  // 株数
17  //=============
18  Size = 100
19
20  //=============
21  // 注文・決済
22  //=============
23  strategy.entry(id = "long", long = strategy.long,
     qty = Size, when = BuyPoint)
24  strategy.exit(id = "exit", from_entry = "long",
     profit = ProfitDelta, loss = LossDelta)
```

□リスト6.3 DMIによる買いポイント（再掲）

```pinescript
1   //@version=4
2   study("DMIによる買いポイント", precision = 2)
3   // 入力部分を作成する
4   Length = input(title = "DMI・ADXの本数",
     type = input.integer, defval = 14, minval = 1)
5   Trend_ADX = input(
     title = "トレンド発生とするADXの値",
     type = input.integer, defval = 30, minval = 1)
6   MALength = input(title = "移動平均線の本数",
     type = input.integer, defval = 50, minval = 1)
7   // 関数を定義する
8   CalcPDM() =>
9       pdm = high - high[1]
10      mdm = low[1] - low
11      if pdm < 0
12          0
13      else if pdm < mdm
14          0
15      else
16          pdm
17  CalcMDM() =>
18      pdm = high - high[1]
19      mdm = low[1] - low
20      if mdm < 0
21          0
22      else if mdm < pdm
23          0
24      else
25          mdm
26  // 関数を使用し計算する
27  PDM = CalcPDM()
28  MDM = CalcMDM()
29  // ATRの計算
30  TR = max(high, close[1]) - min(low, close[1])
31  ATR = sma(TR, Length)
32  //PDI,MDIの計算
33  PDI = sma(PDM, Length) / ATR * 100
34  MDI = sma(MDM, Length) / ATR * 100
35  // ADXの計算
36  DX = abs(PDI - MDI) / (PDI + MDI) * 100
37  ADX = sma(DX, Length)
38  // MAの計算
```

```
39  MA = sma(close, MALength)
40  // プロットする
41  plot(PDI, color = color.red)
42  plot(MDI, color = color.blue)
43  plot(ADX, color = color.black, linewidth = 2)
44  // 買いポイントを求める
45  BuyPoint_DMI = PDI[1] < MDI[1] and MDI < PDI
46  BuyPoint_ADX = Trend_ADX <= ADX
47  BuyPoint_MA = MA < close
48  BuyPoint = BuyPoint_DMI and BuyPoint_ADX
     and BuyPoint_MA
49  // 買いポイントに背景色を設定
50  bgcolor(BuyPoint ?
     color.red : color.new(color.green, 100))
```

□リスト7.5 テンプレートに注文ポイントを追加

```
1    //@version=4
2    strategy(title = "DMIで買い、買値からの割合で売る",
     shorttitle = "DMIストラテジー", overlay = true)
3
4    //=============
5    // 注文ポイント
6    //=============
7    // 入力部分を作成する
8    Length = input(title = "DMI・ADXの本数",
     type = input.integer, defval = 14, minval = 1)
9    Trend_ADX = input(
     title = "トレンド発生とするADXの値",
     type = input.integer, defval = 30, minval = 1)
10   MALength = input(title = "移動平均線の本数",
     type = input.integer, defval = 50, minval = 1)
11   // 関数を定義する
12   CalcPDM() =>
13       pdm = high - high[1]
14       mdm = low[1] - low
15       if pdm < 0
16           0
17       else if pdm < mdm
18           0
19       else
20           pdm
21   CalcMDM() =>
22       pdm = high - high[1]
23       mdm = low[1] - low
24       if mdm < 0
25           0
26       else if mdm < pdm
27           0
28       else
29           mdm
30   // 関数を使用し計算する
31   PDM = CalcPDM()
32   MDM = CalcMDM()
33   // ATRの計算
34   TR = max(high, close[1]) - min(low, close[1])
35   ATR = sma(TR, Length)
```

```
36   // PDI,MDIの計算
37   PDI = sma(PDM, Length) / ATR * 100
38   MDI = sma(MDM, Length) / ATR * 100
39   // ADXの計算
40   DX = abs(PDI - MDI) / (PDI + MDI) * 100
41   ADX = sma(DX, Length)
42   // MAの計算
43   MA = sma(close, MALength)
44   // 買いポイントを求める
45   BuyPoint_DMI = PDI[1] < MDI[1] and MDI < PDI
46   BuyPoint_ADX = Trend_ADX <= ADX
47   BuyPoint_MA = MA < close
48   BuyPoint = BuyPoint_DMI and BuyPoint_ADX
      and BuyPoint_MA
49   // 買いポイントに背景色を設定
50   bgcolor(BuyPoint ?
      color.red : color.new(color.green, 100))
51
52   //=============
53   // 決済ポイント
54   //=============
55   ProfitDelta = 100
56   LossDelta = 20
57
58   //=============
59   // 株数
60   //=============
61   Size = 100
62
63   //=============
64   // 注文・決済
65   //=============
66   strategy.entry(id = "long", long = strategy.long,
      qty = Size, when = BuyPoint)
67   strategy.exit(id = "exit", from_entry = "long",
      profit = ProfitDelta, loss = LossDelta)
```

•追加・修正箇所

2行目

　ストラテジーのタイトルを"DMIで買い、買値からの割合で売る"に、短いタイトルを"DMIストラテジー"に変更します。

7行目

　テンプレートでは移動平均線がゴールデンクロスした地点を注文ポイントとしていましたが、行ごと削除します。

7行目

　テンプレートの注文ポイントを削除した後に、【リスト6.3】の3〜50行目をコピー＆ペーストします。【リスト6.3】の注文ポイントもBuyPointなので、変数名等を変更する必要はありません。

44〜47行目

　【リスト6.3】の3〜50行目をコピー＆ペーストした後の44〜47行目を行ごと削除します。PDI、MDI、ADXをチャート上に表示させる必要がないからです。

50〜51行目

　間に空行を1行入れ、コードを見やすくします。

■図7.10 売買ポイント

DMIによる買いポイントの翌足始値で購入するようになりました。次項では決済ポイントを修正します。

7.2.2 決済ポイントの追加

【リスト7.5】を修正し、買値からの割合による売りポイント【リスト6.6】を決済ポイントに追加します。

□リスト6.6 買値からの割合による利確・損切値の算出（再掲）

```
1    //@version=4
2    study("買値からの割合による売りポイント", overlay = true)
3    // 入力部分を作成する
4    Nhigh = input(type = input.float,
      title = "利確の倍率（%）", defval = 20.0, minval = 0.1)
5    Nlow = input(type = input.float,
      title = "損切の倍率（%）", defval = 10.0, minval = 0.1)
6    // 利確・損切値の計算
7    ProfitDelta = open * Nhigh / 100
8    ProfittakePrice = open + ProfitDelta
9    LossDelta = open * Nlow / 100
10   LosscutPrice = open - LossDelta
11   // プロットする
12   plot(ProfittakePrice, title = "利確",
      style = plot.style_circles, color = color.red)
13   plot(LosscutPrice, title = "損切",
      style = plot.style_circles, color = color.blue)
```

□リスト7.6 テンプレートに決済ポイントを追加

```
  1  //@version=4
  …      （リスト7.5と同じため省略）
 52  //=============
 53  // 決済ポイント
 54  //=============
 55  // 入力部分を作成する
 56  Nhigh = input(type = input.float,
       title = "利確の倍率（%）", defval = 20.0, minval = 0.1)
 57  Nlow = input(type = input.float,
       title = "損切の倍率（%）", defval = 10.0, minval = 0.1)
 58  // 利確・損切値の計算
 59  ProfitDelta = open * Nhigh / 100
 60  ProfittakePrice = open + ProfitDelta
 61  LossDelta = open * Nlow / 100
 62  LosscutPrice = open - LossDelta
 63  // プロットする
 64  plot(ProfittakePrice, title = "利確",
       style = plot.style_circles, color = color.red)
 65  plot(LosscutPrice, title = "損切",
       style = plot.style_circles, color = color.blue)
 66
 67  //=============
 68  // 株数
 69  //=============
 70  Size = 100
 71
 72  //=============
 73  // 注文・決済
 74  //=============
 75  strategy.entry(id = "long", long = strategy.long,
       qty = Size, when = BuyPoint)
 76  strategy.exit(id = "exit", from_entry = "long",
       profit = ProfitDelta, loss = LossDelta)
```

•追加・修正箇所

55～56行目

　55～56行目を削除し、テンプレートの決済ポイントを削除します。

55行目

　テンプレートの決済ポイントを削除した後に、【リスト6.6】の3～

13行目をコピー＆ペーストします。【リスト6.6】の決済ポイントも ProfitDeltaとLossDeltaなので、変数名等は変更する必要がありません。

65〜66行目

間に空行を1行入れ、コードを見やすくします。

■図7.11 決済ポイントを修正

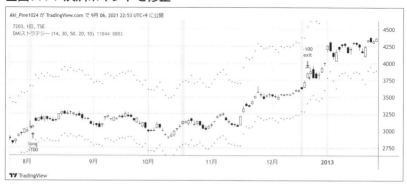

現状では買値ではなく買いポイントの始値から利確・損切値を算出しているため、買値から利確・損切値を算出するように修正します。また、各ローソク足に利確・損切値がプロットされると見にくいので、保有期間中のみ、買値、買値から算出した利確・損切値をプロットするようにします。

□リスト7.7 利確・買値・損切値をプロットする処理を追加

```
1    //@version=4
…      （リスト7.6と同じため省略）
52   //==============
53   // 決済ポイント
54   //=============
55   // 入力部分を作成する
56   Nhigh = input(type = input.float,
       title = "利確の倍率（%）",
       defval = 20.0, minval = 0.1)
57   Nlow = input(type = input.float,
       title = "損切の倍率（%）",
       defval = 10.0, minval = 0.1)
58   // 利確・損切値の計算
59   ProfitDelta =
       strategy.position_avg_price * Nhigh / 100
60   ProfittakePrice =
       strategy.position_avg_price + ProfitDelta
61   LossDelta =
       strategy.position_avg_price * Nlow / 100
62   LosscutPrice =
       strategy.position_avg_price - LossDelta
63   // プロットする
64   plot(ProfittakePrice, title = "利確",
       style = plot.style_linebr, color = color.red)
65   plot(strategy.position_avg_price, title = "買値",
       style = plot.style_linebr, color = color.black)
66   plot(LosscutPrice, title = "損切",
       style = plot.style_linebr, color = color.blue)
67
68   //=============
69   // 株数
70   //=============
71   Size = 100
72
73   //=============
74   // 注文・決済
75   //=============
76   strategy.entry(id = "long", long = strategy.long,
       qty = Size, when = BuyPoint)
77   strategy.exit(id = "exit", from_entry = "long",
       profit = ProfitDelta, loss = LossDelta)
```

•追加・修正箇所

59～62行目

59～62行目のopenを、strategy.position_avg_priceに変更します。strategy.position_avg_priceは保有中の取引の買値です。保有中以外はnaとなります。

64～65行目

線のスタイルをplot.style_circlesからplot.style_linebrに変更します。plot.style_linebrに変更することで、線をプロットしますが、naの場合は何もプロットしません。よって、保有中のみ利確と損切り値を線でプロットし、保有していない場合は何もプロットしません。

64～65行目

64～65行目の間に、買値をプロットする処理を追加します。買値をプロットするために、現在保有中の平均取得単価をあらわす変数strategy.position_avg_priceを使います。ピラミッティングを1とし、ポジションを保有している際に買い増さない場合は買値がプロットされます。タイトルを"買値"に、線のスタイルをplot.style_linebrに、線の色を黒に設定します。

■図7.12 決済ポイントと表示を修正

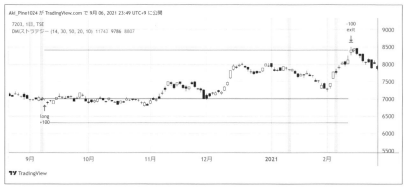

決済ポイントを追加し、利確・損切値をプロットすることができま

した。

○ラベルを使い利確値・損切値を数値で表示

　プログラムとしてはこれで完成ですが、参考としてラベルを使い利確値・損切値を数値で表示する方法を紹介します。ラベルの表示・設定はlabel.new[1]関数で行います。

1　4.1.4項参照

□リスト7.8 利確値・損切値を数値で表示する処理を追加

```
1   //@version=4
2   strategy(title = "DMIで買い、買値からの割合で売る",
    shorttitle = "DMIストラテジー",
    overlay = true, max_labels_count = 500)
...     （リスト7.7と同じため省略）
77  strategy.exit(id = "exit", from_entry = "long",
    profit = ProfitDelta, loss = LossDelta)
78
79  //==============
80  // 利確・損切ラインに数値を表示
81  //==============
82  LabelDisplay = na(strategy.position_avg_price[1])
    and not na(strategy.position_avg_price)
83  ProfitLabel = label.new(x = LabelDisplay ? bar_index : na,
    y = ProfittakePrice)
84  label.set_text(ProfitLabel, "利確：" +
    tostring(ProfittakePrice, "#,###.#"))
85  label.set_style(ProfitLabel, label.style_label_lower_left)
86  label.set_textcolor(ProfitLabel, color.red)
87  label.set_color(ProfitLabel,
    color.new(color.red, 100))
88  label.set_size(ProfitLabel, size.normal)
89  LossLabel = label.new(x = LabelDisplay ? bar_index : na,
    y = LosscutPrice)
90  label.set_text(LossLabel, "損切：" +
    tostring(LosscutPrice, "#,###.#"))
91  label.set_style(LossLabel, label.style_label_upper_left)
92  label.set_textcolor(LossLabel, color.blue)
93  label.set_color(LossLabel,
    color.new(color.blue, 100))
94  label.set_size(LossLabel, size.normal)
```

•追加・修正箇所

2行目

max_labels_count = 500とし、ラベルの最大表示数を増やします。

82行目でラベルを表示させる足をLabelDisplayに保存します。注文が行われた足にラベルを表示させます。

strategy.position_avg_priceは保有中の取引の買値で、保有してい

273

ない場合はnaとなります。1本前における保有中の取引の買値が
naで、現在足における保有中の取引の買値がnaでなければ、現在
足で注文が行われたといえます。

83行目で利確用のラベルProfitLabelを定義します。LabelDisplayが
trueの足のみにラベルを表示します。

84行目でtostring関数[1]を使いラベルに表示する文字列を作成します。

85行目でラベルのスタイルを指定します。注文が行われた足の右上
に表示したいので、label.style_label_lower_leftを指定します。

86行目でラベルテキストの色を指定します。文字色は利確のプロッ
トと同じ赤色を指定します。

87行目でラベルの色を指定します。今回は吹き出しを表示させない
ので透明を指定します。

88行目でラベルのサイズをsize.normalに指定します。

89行目で損切用のラベルLossLabelを定義します。LabelDisplayが
trueの足のみにラベルを表示します。

90行目でtostring関数を使いラベルに表示する文字列を作成します。

91行目でラベルのスタイルを指定します。注文が行われた足の右下
に表示したいので、label.style_label_upper_leftを指定します。

92行目でラベルテキストの色を指定します。文字色は損切のプロッ
トと同じ青色を指定します。

93行目でラベルの色を指定します。今回は吹き出しを表示させない
ので透明を指定します。

94行目でラベルのサイズをsize.normalに指定します。

1　4.1.4項参照

■図7.13 決済ポイントと表示を修正

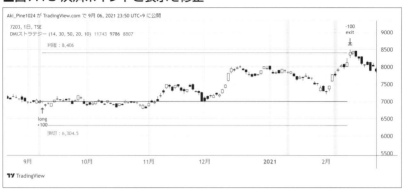

7.2.3 株数の算出と資金管理

　【リスト7.7】を修正して、株数を算出する処理を追加します。1回のトレードで総資産の1パーセント以上を失わないように株数を調整します。

　トレードは勝つことよりも、負けない・生き続けることが重要です。適正な購入株数を守り、1回の取引におけるリスクを限定する必要があります。

　ジャック・D・シュワッガー著『マーケットの魔術師』（パンローリング）で、ラリー・ハイトは「どのトレードにおいても、総資産の1パーセント以上のリスクはとるな」と言っています。仮に1回のトレードで最初の総資産における30パーセントのリスクをとり続けると、4回連続で損切となった場合、資金をすべて失います。

　資金をすべて失わないように、ストラテジー上で、1回のトレードで、トレード時における資産の1パーセント以上を失わない株数を求めてみましょう。

　1回のトレードで失ってもよい金額は、「総資産×1回のトレード

の最大リスク（％）」で求めることができます。購入株数は１回のトレードで失ってもよい金額を１株あたりの最大損失額で割り、単元株数単位となるように端数を切り捨てます。これで、**損切値に到達したときに、１回のトレードで失ってもよい金額以下の損失になるように購入株数を求めることができました。**

・計算式

$$\text{株数} = \cfrac{1\text{回のトレードで失ってもよい金額}}{1\text{株あたりの最大損失額}}$$

$$= \cfrac{(\text{総資産} \times 1\text{回のトレードの最大リスク}(\%))}{(\text{終値} \times \text{損切の倍率}(\%))}$$

購入株数 ＝ 株数 － 株数を単元株数で割った余り

ただし、**購入株数を購入時の株価で買ったときに、総資産額内に収まるかを計算する必要があります。**購入株数×購入時の株価が総資産額より大きい場合、以下の式で求めます。

株数 ＝ 総資産額÷購入時の株価
購入株数 ＝ 株数 － 株数を単元株数で割った余り

資金管理についてもっと詳しく知りたい方は、松下誠著『**FXサイクル投資法マスターブック**』（ダイヤモンド社）を参考にしてください。
【リスト7.7】を修正し、株数を算出する処理を追加します。

□リスト7.9 株数を算出する処理を追加

```
1   //@version=4
...     （リスト7.7と同じため省略）
68  //==============
69  // 株数
70  //==============
71  TotalAssets = strategy.initial_capital
72  LossPercent = input(title = "最大許容損失率（%）",
     type = input.float, defval = 1.0, minval = 0.1,
     maxval = 2, step = 0.1)
73  Unit = input(title = "単元株数",
     type = input.integer, defval = 100, minval = 1)
74  MaxLoss = TotalAssets * LossPercent / 100
75  Loss = close * Nlow / 100
76  Size = min(MaxLoss / Loss, TotalAssets / close)
77  Size -= Size % Unit
78
79  //==============
80  // 注文・決済
81  //==============
82  strategy.entry(id = "long", long = strategy.long,
     qty = Size, when = BuyPoint)
83  strategy.exit(id = "exit", from_entry = "long",
     profit = ProfitDelta, loss = LossDelta)
```

•追加・修正箇所

71行目

　テンプレートでは必ず100株購入するようにしていましたが、今回は株数を計算によって求めるので削除します。

71〜78行目

　テンプレートの購入株数を削除した後に、以下の8行を追加します。行数は追加後のものです。

```
71  TotalAssets = strategy.initial_capital
72  LossPercent = input(title = "最大許容損失率（%）",
      type = input.float, defval = 1.0, minval = 0.1,
      maxval = 2, step = 0.1)
73  Unit = input(title = "単元株数",
      type = input.integer, defval = 100, minval = 1)
74  MaxLoss = TotalAssets * LossPercent / 100
75  Loss = close * Nlow / 100
76  Size = min(MaxLoss / Loss, TotalAssets / close)
77  Size -= Size % Unit
78
```

71行目は、strategy.initial_capitalでストラテジーの初期資金を取得します。

72行目は最大許容損失率（%）を入力します。最大許容損失率が大きいと破産のリスクも高くなるので、maxval = 2 とし、2%より大きい値を入力できないようにします。

73行目で単元株数を入力します。日本株は基本的に100株単位ですが、REITやETF等は、それぞれの単元株数に合わせて1や10を設定します。

74行目で1回のトレードで失ってもよい金額を求めます。

75行目で1株あたりの最大損失額を求めます。

76行目で株数を求めます。購入金額が総資産を超えてしまう場合は、購入金額内で購入できる最大の株数にします。

77行目で単元株単位となるように端数を切り捨てます。株数から、株数を単元株数で割った余りを引きます。Size % Unitとすると、株数を単元株数で割った余りが求まります。-=とすると、左辺から右辺の値が引かれた値が、左辺の値となります。今回は、左辺の株数Sizeに、右辺の株数を単元株数で割った余りSize % Unitを引いた値が、左辺のSizeの値となります。参考までに、別の書き方も下記に示します。

左辺の株数Sizeに、株数から、株数を単元株数で割った余りを引いた値を代入します。:=は代入の記号です。

| 77 | Size := Size - Size % Unit |

78行目に空行を1行入れ、コードを見やすくします。

■図7.14 株数の算出を追加

　これで【表7.2】の注文、株数、決済のすべての処理を組み込むことができました。

7.2.4 最終的なコードとバックテストの結果

　DMIストラテジーの最終的なコードを【リスト7.9】に示します。前項ではコードを一部省略していましたが、同じリスト番号で省略せずにすべて掲載します。

□リスト7.9 DMIストラテジー

```
1   //@version=4
2   strategy(title = "DMIで買い、買値からの割合で売る",
     shorttitle = "DMIストラテジー", overlay = true)
3
4   //==============
5   // 注文ポイント
6   //==============
7   // 入力部分を作成する
8   Length = input(title = "DMI・ADXの本数",
     type = input.integer, defval = 14, minval = 1)
9   Trend_ADX = input(
     title = "トレンド発生とするADXの値",
     type = input.integer, defval = 30, minval = 1)
10  MALength = input(title = "移動平均線の本数",
     type = input.integer, defval = 50, minval = 1)
11  // 関数を定義する
12  CalcPDM() =>
13      pdm = high - high[1]
14      mdm = low[1] - low
15      if pdm < 0
16          0
17      else if pdm < mdm
18          0
19      else
20          pdm
21  CalcMDM() =>
22      pdm = high - high[1]
23      mdm = low[1] - low
24      if mdm < 0
25          0
26      else if mdm < pdm
27          0
28      else
29          mdm
30  // 関数を使用し計算する
31  PDM = CalcPDM()
32  MDM = CalcMDM()
33  // ATRの計算
34  TR = max(high, close[1]) - min(low, close[1])
35  ATR = sma(TR, Length)
```

```
36  //PDI,MDIの計算
37  PDI = sma(PDM, Length) / ATR * 100
38  MDI = sma(MDM, Length) / ATR * 100
39  //ADXの計算
40  DX = abs(PDI - MDI) / (PDI + MDI) * 100
41  ADX = sma(DX, Length)
42  // MAの計算
43  MA = sma(close, MALength)
44  // 買いポイントを求める
45  BuyPoint_DMI = PDI[1] < MDI[1] and MDI < PDI
46  BuyPoint_ADX = Trend_ADX <= ADX
47  BuyPoint_MA = MA < close
48  BuyPoint = BuyPoint_DMI and BuyPoint_ADX
      and BuyPoint_MA
49  // 買いポイントに背景色を設定
50  bgcolor(BuyPoint ?
      color.red : color.new(color.green, 100))
51
52  //==============
53  // 決済ポイント
54  //==============
55  // 入力部分を作成する
56  Nhigh = input(type = input.float,
      title = "利確の倍率（％）",
      defval = 20.0, minval = 0.1)
57  Nlow = input(type = input.float,
      title = "損切の倍率（％）",
      defval = 10.0, minval = 0.1)
58  // 利確・損切値の計算
59  ProfitDelta =
      strategy.position_avg_price * Nhigh / 100
60  ProfittakePrice =
      strategy.position_avg_price + ProfitDelta
61  LossDelta =
      strategy.position_avg_price * Nlow / 100
62  LosscutPrice =
      strategy.position_avg_price - LossDelta
63  // プロットする
64  plot(ProfittakePrice, title = "利確",
      style = plot.style_linebr, color = color.red)
65  plot(strategy.position_avg_price, title = "買値",
      style = plot.style_linebr, color = color.black)
```

```
66   plot(LosscutPrice, title = "損切",
      style = plot.style_linebr, color = color.blue)
67
68   //=============
69   // 株数
70   //=============
71   TotalAssets = strategy.initial_capital
72   LossPercent = input(
      title = "最大許容損失率（%）",
      type = input.float, defval = 1.0, minval = 0.1,
      maxval = 2, step = 0.1)
73   Unit = input(title = "単元株数",
      type = input.integer, defval = 100, minval = 1)
74   MaxLoss = TotalAssets * LossPercent / 100
75   Loss = close * Nlow / 100
76   Size = min(MaxLoss / Loss, TotalAssets / close)
77   Size -= Size % Unit
78
79   //=============
80   // 注文・決済
81   //=============
82   strategy.entry(id = "long", long = strategy.long,
      qty = Size, when = BuyPoint)
83   strategy.exit(id = "exit", from_entry = "long",
      profit = ProfitDelta, loss = LossDelta)
```

●バックテスト結果

　トヨタ自動車（7203）の日足チャートでバックテストを行いました。ある程度の資金がなければ株数が0となり購入できないので、初期資金を1000万円に変更しています。それ以外のパラメーターはデフォルトです。

　DMIによる買いポイントの翌足始値で購入し、アップトレンドが続くと思われる時間帯に購入します。また、損切時でも総資産の1％以上を失わないようにリスクを限定しているので、買値から損切までの値幅が小さいときは多く購入し、買値から損切までの値幅が大きいときは少なく購入します。

純利益	¥556,400
終了したトレードの合計	15
勝率	53.33%
プロフィットファクター	2.00
ペイオフレシオ	1.75
最大ドローダウン	¥-258,000
平均トレード	¥37,093
トレードでの平均バー数	84

■図7.15 最大利益となったトレード

7.3 RSIストラテジー

【リスト7.4】（価格を指定して決済するストラテジーのテンプレート）をベースに、【表7.3】のルールでRSIストラテジーを作成します。

■表7.3 RSIストラテジーのルール一覧

	ルール
注文	リスト6.5（6.2節 RSIによる買いポイント）で求めた買いポイントの翌足で買い
株数	1回の取引の最大損失が総資産の1%未満となる最大の株数
決済	リスト6.7（6.4節 ローバンドによる売りポイント）で求めた売却値に到達したら売り

　注文はRSIによる買いポイントの翌足に行います。RSIによる買いポイントは、RSIが大きく下がった後、一定の本数以内にRSIが上がってきたことによって、価格の底と、底からの立ち上がりを確認して買っていきます。

　株数は1回の取引の最大損失が総資産の1％未満となる最大の株数として、リスクを限定します。詳細は7.2.3項で説明した通りです。

　決済はローバンドの切り上げに合わせて売却する価格を上昇させていきます。足が更新されるごとに、売却する価格が変更されます。

7.3.1 注文ポイントの追加

　【リスト7.4】を修正して、RSIによる買いポイント【リスト6.5】を注文ポイントに追加します。

□ リスト7.4 価格を指定して決済するストラテジーのテンプレート（再掲）

```
1   //@version=4
2   strategy(title = "ストラテジーサンプル",
     shorttitle = "ストラテジー", overlay = true)
3
4   //=============
5   // 注文ポイント
6   //=============
7   BuyPoint = crossover(close, sma(close, 30))
8
9   //=============
10  // 決済ポイント
11  //=============
12  SellPrice = sma(close, 30)
13
14  //=============
15  // 株数
16  //=============
17  Size = 100
18
19  //=============
20  // 注文・決済
21  //=============
22  strategy.entry(id = "long", long = strategy.long,
     qty = Size, when = BuyPoint)
23  strategy.exit(id = "exit", from_entry = "long",
     stop = SellPrice)
```

□ リスト6.5 RSIによる買いポイント（再掲）

```
1   //@version=4
2   study(title = "Relative Strength Index",
     shorttitle = "RSIによる買いポイント", precision = 1)
3   // 入力部分を作成する
4   Source = input(title = "ソース",
     type = input.source, defval = close)
5   RSI_Length = input(title = "RSIの本数",
     type = input.integer, defval = 13, minval = 2,
     maxval = 20)
6   Target_High = input(title = "ターゲット（上）",
     type = input.integer, defval = 50, minval = 0,
     maxval = 100)
7   Target_Low = input(title = "ターゲット（下）",
     type = input.integer, defval = 30, minval = 0,
     maxval = 100)
8   After_Target_Low =
     input(title = "ターゲット（下）後の本数",
     type = input.integer, defval = 13, minval = 1)
9   // 関数を定義する
10  Wilder_RSI(source, length) =>
11      delta = source - source[1]
12      plus = sum(delta > 0 ? delta : 0, length)
13      minus = sum(delta < 0 ? delta : 0, length)
14      plus / (plus - minus) * 100
15  // 関数を使用し計算する
16  RSI = Wilder_RSI(Source, RSI_Length)
17  // 買いポイントを求める
18  isTarget_Low =
     Target_Low <= RSI[1] and RSI < Target_Low
19  BuyPoint_After_Target =
     0 < sum(isTarget_Low ? 1 : 0, After_Target_Low)
20  isTarget_High =
     RSI[1] <= Target_High and Target_High < RSI
21  BuyPoint =
     BuyPoint_After_Target and isTarget_High
22  // プロットする
23  plot(RSI, title = "RSI", style = plot.style_line,
     color = color.black, linewidth = 2)
24  hline(Target_High, title = "ターゲット（上）",
     linestyle = hline.style_dashed,
     color = color.red, editable = false)
```

```
25  hline(Target_Low, title = "ターゲット（下）",
      linestyle = hline.style_dashed,
      color = color.blue, editable = false)
26  // 買いポイントに背景色を設定
27  bgcolor(isTarget_Low ?
      color.blue : color.new(color.green, 100))
28  bgcolor(BuyPoint ?
      color.red : color.new(color.green, 100))
```

□リスト7.10 テンプレートに注文ポイントを追加

```
1   //@version=4
2   strategy(title = "RSIで買い、ローバンドで売る",
      shorttitle = "RSIストラテジー", overlay = true)
3
4   //=============
5   // 注文ポイント
6   //=============
7   // 入力部分を作成する
8   Source = input(title = "ソース",
      type = input.source, defval = close)
9   RSI_Length = input(title = "RSIの本数",
      type = input.integer, defval = 13, minval = 2,
      maxval = 20)
10  Target_High = input(title = "ターゲット（上）",
      type = input.integer, defval = 50, minval = 0,
      maxval = 100)
11  Target_Low = input(title = "ターゲット（下）",
      type = input.integer, defval = 30, minval = 0,
      maxval = 100)
12  After_Target_Low =
      input(title = "ターゲット（下）後の本数",
      type = input.integer, defval = 13, minval = 1)
13  // 関数を定義する
14  Wilder_RSI(source, length) =>
15      delta = source - source[1]
16      plus = sum(delta > 0 ? delta : 0, length)
17      minus = sum(delta < 0 ? delta : 0, length)
18      plus / (plus - minus) * 100
19  // 関数を使用し計算する
20  RSI = Wilder_RSI(Source, RSI_Length)
```

```
21  // 買いポイントを求める
22  isTarget_Low =
    Target_Low <= RSI[1] and RSI < Target_Low
23  BuyPoint_After_Target =
    0 < sum(isTarget_Low ? 1 : 0, After_Target_Low)
24  isTarget_High =
    RSI[1] <= Target_High and Target_High < RSI
25  BuyPoint =
    BuyPoint_After_Target and isTarget_High
26  // 買いポイントに背景色を設定
27  bgcolor(isTarget_Low ?
    color.blue : color.new(color.green, 100))
28  bgcolor(BuyPoint ?
    color.red : color.new(color.green, 100))
29
30  //=============
31  // 決済ポイント
32  //=============
33  SellPrice = sma(close, 30)
34
35  //=============
36  // 株数
37  //=============
38  Size = 100
39
40  //=============
41  // 注文・決済
42  //=============
43  strategy.entry(id = "long", long = strategy.long,
    qty = Size, when = BuyPoint)
44  strategy.exit(id = "exit", from_entry = "long",
    stop = SellPrice)
```

•追加・修正箇所

2行目

　ストラテジーのタイトルを"RSIで買い、ローバンドで売る"に、短いタイトルを"RSIストラテジー"に変更します。

7行目

　テンプレートでは移動平均線がゴールデンクロスした地点を注文ポ

イントとしていましたが、行ごと削除します。

7行目

　テンプレートの注文ポイントを削除した後に、【リスト6.5】の3～28行目をコピー＆ペーストします。【リスト6.5】の注文ポイントもBuyPointなので、変数名等を変更する必要がありません。

26～29行目

　3～28行目をコピー＆ペーストした後の26～29行目を行ごと削除します。RSIやターゲットをチャート上に表示させる必要がないからです。

28～29行目

　間に空行を1行入れ、コードを見やすくします。

■図7.16 売買ポイント表示例

　RSIによる買いポイントの翌足始値で購入するようになりました。次項では決済ポイントを修正します。

7.3.2 決済ポイントの追加

　【リスト7.10】を修正し、ローバンドによる売りポイント【リスト

6.7】を決済ポイントに追加します。

□リスト6.7 ローバンドによる売却地点・売却値の算出（再掲）

```
1   //@version=4
2   study("ローバンド", shorttitle = "LowBand", overlay = true)
3   // 入力部分を作成する
4   Length = input(type = input.integer,
     title = "本数", defval = 13, minval = 1)
5   // 最安値の計算
6   Lowest = lowest(low, Length)
7   // 安値を切り下げたか
8   isLowDevaluation =
     Lowest[1] > Lowest and Lowest[2] <= Lowest[1]
9   SellPrice = min(Lowest[1], open)
10  // プロットする
11  plot(Lowest, color = color.blue)
12  plotshape(isLowDevaluation ? SellPrice : na,
     style = shape.xcross,
     location = location.absolute,
     color = color.purple, size = size.small)
```

□リスト7.11 テンプレートに決済ポイントを追加

```
1   //@version=4
...     （リスト7.10と同じため省略）
30  //==============
31  // 決済ポイント
32  //=============
33  // 入力部分を作成する
34  Length = input(type = input.integer,
     title = "本数", defval = 13, minval = 1)
35  // 最安値の計算
36  Lowest = lowest(low, Length)
37  // 安値を切り下げたか
38  isLowDevaluation =
     Lowest[1] > Lowest and Lowest[2] <= Lowest[1]
39  SellPrice = min(Lowest[1], open)
40  // プロットする
41  plot(Lowest, color = color.blue)
42  plotshape(isLowDevaluation ? SellPrice : na,
     style = shape.xcross,
     location = location.absolute,
     color = color.purple, size = size.small)
43
44  //=============
45  // 株数
46  //=============
47  Size = 100
48
49  //=============
50  // 注文・決済
51  //=============
52  strategy.entry(id = "long", long = strategy.long,
     qty = Size, when = BuyPoint)
53  strategy.exit(id = "exit", from_entry = "long",
     stop = SellPrice)
```

•追加・修正箇所

33行目

　33行目を削除し、テンプレートの決済ポイントを削除します。

33行目

　テンプレートの決済ポイントを削除した後に、【リスト6.7】の3〜

291

12行目をコピー＆ペーストします。【リスト6.7】の決済ポイントも
SellPriceなので、変数名等を変更する必要がありません。

42～43行目

間に空行を1行入れ、コードを見やすくします。

■図7.17 決済ポイントを修正表示例

7.3.3 株数の算出と資金管理

【リスト7.11】を修正し、株数を算出する処理を追加します。1回
のトレードで総資産の1パーセント以上を失わないように株数を調整
します。考え方と計算式は7.2.3項を参照ください。

□リスト7.12 株数を算出する処理を追加

```
1    //@version=4
…        （リスト7.11と同じため省略）
44   //==============
45   // 株数
46   //==============
47   TotalAssets = strategy.initial_capital
48   LossPercent = input(
     title = "最大許容損失率（%）",
     type = input.float, defval = 1.0, minval = 0.1,
     maxval = 2, step = 0.1)
49   Unit = input(title = "単元株数",
     type = input.integer, defval = 100, minval = 1)
50   MaxLoss = TotalAssets * LossPercent / 100
51   Loss = close - Lowest
52   Size = min(MaxLoss / Loss, TotalAssets / close)
53   Size -= Size % Unit
54
55   //==============
56   // 注文・決済
57   //==============
58   strategy.entry(id = "long", long = strategy.long,
     qty = Size, when = BuyPoint)
59   strategy.exit(id = "exit", from_entry = "long",
     stop = SellPrice)
```

•追加・修正箇所

47行目

テンプレートでは必ず100株購入するようにしていましたが、今回は株数を計算によって求めるので削除します。

47〜53行目

テンプレートの購入株数を削除した後に、以下の7行を追加します。行数は追加後のものです。

```
47   TotalAssets = strategy.initial_capital
48   LossPercent = input(
     title = "最大許容損失率（%）",
     type = input.float, defval = 1.0, minval = 0.1,
     maxval = 2, step = 0.1)
49   Unit = input(title = "単元株数",
     type = input.integer, defval = 100, minval = 1)
50   MaxLoss = TotalAssets * LossPercent / 100
51   Loss = close - Lowest
52   Size = min(MaxLoss / Loss, TotalAssets / close)
53   Size -= Size % Unit
54
```

47行目は、strategy.initial_capitalでストラテジーの初期資金を取得します。

48行目は最大許容損失率（%）を入力します。最大許容損失率が大きいと破産のリスクも高くなるので、maxval = 2 とし、2%より大きい値を入力できないようにします。

49行目で単元株数を入力します。株は基本的に100株単位ですが、REITやETF等は、それぞれの単元株数に合わせて1や10を設定します。

50行目で1回のトレードで失ってもよい金額を求めます。

51行目で1株あたりの最大損失額を求めます。

52行目で株数を求めます。購入金額が総資産を超えてしまう場合は、購入金額内で購入できる最大の株数にします。

53行目で単元株単位となるように端数を切り捨てます。株数から、株数を単元株数で割った余りを引きます。Size % Unitとすると、株数を単元株数で割った余りが求まります。-=とすると、左辺から右辺の値が引かれた値が、左辺の値となります。今回は、左辺の株数Sizeに、右辺の株数を単元株数で割った余りSize % Unitを引いた値が、左辺のSizeの値となります。

54行目に空行を1行入れ、コードを見やすくします。

■図7.18 株数の算出を追加

　これで【表7.4】の注文、株数、決済のすべての処理を組み込むことができました。

7.3.4 最終的なコードとバックテストの結果

　RSIストラテジーの最終的なコードを【リスト7.12】に示します。前項ではコードを一部省略していましたが、同じリスト番号で省略せずにすべて掲載します。

□リスト7.12 RSIストラテジー

```
1   //@version=4
2   strategy(title = "RSIで買い、ローバンドで売る",
        shorttitle = "RSIストラテジー", overlay = true)
3
4   //==============
5   // 注文ポイント
6   //==============
7   // 入力部分を作成する
8   Source = input(title = "ソース",
        type = input.source, defval = close)
9   RSI_Length = input(title = "RSIの本数",
        type = input.integer, defval = 13, minval = 2,
        maxval = 20)
10  Target_High = input(title = "ターゲット（上）",
        type = input.integer, defval = 50, minval = 0,
        maxval = 100)
11  Target_Low = input(title = "ターゲット（下）",
        type = input.integer, defval = 30, minval = 0,
        maxval = 100)
12  After_Target_Low =
        input(title = "ターゲット（下）後の本数",
        type = input.integer, defval = 13, minval = 1)
13  // 関数を定義する
14  Wilder_RSI(source, length) =>
15      delta = source - source[1]
16      plus = sum(delta > 0 ? delta : 0, length)
17      minus = sum(delta < 0 ? delta : 0, length)
18      plus / (plus - minus) * 100
19  // 関数を使用し計算する
20  RSI = Wilder_RSI(Source, RSI_Length)
21  // 買いポイントを求める
22  isTarget_Low =
        Target_Low <= RSI[1] and RSI < Target_Low
23  BuyPoint_After_Target =
        0 < sum(isTarget_Low ? 1 : 0, After_Target_Low)
24  isTarget_High =
        RSI[1] <= Target_High and Target_High < RSI
25  BuyPoint =
        BuyPoint_After_Target and isTarget_High
26  // 買いポイントに背景色を設定
27  bgcolor(isTarget_Low ?
        color.blue : color.new(color.green, 100))
```

```
28  bgcolor(BuyPoint ?
     color.red : color.new(color.green, 100))
29
30  //=============
31  // 決済ポイント
32  //=============
33  // 入力部分を作成する
34  Length = input(type = input.integer,
     title = "本数", defval = 13, minval = 1)
35  // 最安値の計算
36  Lowest = lowest(low, Length)
37  // 安値を切り下げたか
38  isLowDevaluation =
     Lowest[1] > Lowest and Lowest[2] <= Lowest[1]
39  SellPrice = min(Lowest[1], open)
40  // プロットする
41  plot(Lowest, color = color.blue)
42  plotshape(isLowDevaluation ? SellPrice : na,
     style = shape.xcross,
     location = location.absolute,
     color = color.purple, size = size.small)
43
44  //=============
45  // 株数
46  //=============
47  TotalAssets = strategy.initial_capital
48  LossPercent = input(
     title = "最大許容損失率（％）",
     type = input.float, defval = 1.0, minval = 0.1,
     maxval = 2, step = 0.1)
49  Unit = input(title = "単元株数",
     type = input.integer, defval = 100, minval = 1)
50  MaxLoss = TotalAssets * LossPercent / 100
51  Loss = close - Lowest
52  Size = min(MaxLoss / Loss, TotalAssets / close)
53  Size -= Size % Unit
54
55  //=============
56  // 注文・決済
57  //=============
58  strategy.entry(id = "long", long = strategy.long,
     qty = Size, when = BuyPoint)
59  strategy.exit(id = "exit", from_entry = "long",
     stop = SellPrice)
```

●バックテスト結果

　トヨタ自動車（7203）の週足チャートでバックテストを行いました。ある程度の資金がなければ株数が0となってしまい購入できないので、初期資金を1000万円に変更しました。それ以外のパラメーターはデフォルトです。

　RSIによる買いポイントの翌足始値で購入します。株価が大きく下がった後、株価が戻ってきてダウントレンドからアップトレンドに転換したと思われる時間帯に購入します。また、損切時でも総資産の1％以上を失わないようにリスクを限定しているので、買値から損切までの値幅が小さいときは多く購入し、買値から損切までの値幅が大きいときは少なく購入します。

純利益	¥367,500
終了したトレードの合計	14
勝率	35.71%
プロフィットファクター	1.803
ペイオフレシオ	2.885
最大ドローダウン	¥-183,400
平均トレード	¥26,250
トレードでの平均バー数	23

■図7.19 最大利益となったトレード

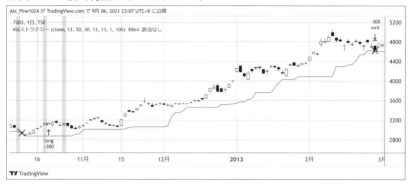

コラム：自分に合ったストラテジーを作って運用する

　売買ルールにはそれぞれ特徴があります。今回紹介したDMIストラテジーは株価が上昇しているときに買っていますが、RSIストラテジーは株価が一度下がった後、株価が戻ってきたのを確認してから買っています。どちらが優れている・劣っているではなく、「自分がどのようなトレードを行いたいか」をしっかりイメージできていることが大切です。

　また、どれだけ利益が上がるストラテジーが完成しても、最終的には自分で運用を続けることができるルールでなければ意味がありません。

　例えば、日中に仕事がある方が1分足のトレードを行うためにチャートの前に張り付いて1分おきにローソク足を確認してトレードを行うことは現実的に不可能です。一方、日足のトレードであれば仕事が終わった後に注文や決済のシグナルを確認して注文・決済を行えばよいので、トレードを行うことが可能です。

　過去のチャートを見ながら注文・決済ポイントと株数を算出し損益を計算するバックテストでは、実際にトレードを行う際の流れまではわかりません。現在進行形のチャートを見ながら注文・決済を行ったと仮定して損益を計算する「フォワードテスト」を行うと、実トレードの流れを確認できます。実運用を行う前に、必ずフォワードテストも行いましょう。

おわりに

　本書は、プログラミング未経験の方でもPineScriptを使ってインジケーターやストラテジーを作成できるように1から説明し、最終的にはシステムトレードを行えるように解説しました。

　私が運営している個人ブログ「超入門 TradingView PineScript」（https://tradingview.blog.fc2.com）にも、「そもそもプログラミング未経験者からすると、何から始めていいかわからない」という声が多く寄せられていました。そのような声もあり、本書では基礎を体系的に1から学べるように執筆しました。

　私は元プログラマなので、リファレンスマニュアルを読んだり、自分で手を動かしてプログラムを作成して試したりといったことができますが、そもそもプログラムを組んだことがない方にとってはプログラムを作成し修正していく過程は非常に敷居が高いのではないかと感じます。

　そんな中、先の個人ブログの内容を書籍化する機会があったことは非常に幸運でした。本書執筆開始時のPineScriptはVersion4であり、本書もVersion4に準拠していますが、ブログの内容の大半はVersion3だったので、Version4についても改めて調査する必要があり、著者にとっても非常に勉強になりました。

　できる限り多くの機能について紹介しましたが、それでも紹介しきれない機能もたくさんありました。しかし、本書の内容を理解できたのであれば、インターネット上の情報からプログラムに反映できるだけの力はついたと思います。

　本書をきっかけに、TradingViewやPineScriptが今まで以上に盛り上がれば幸いです。

　最後になりましたが、パンローリング社の皆様、編集者、ブログ読

者の皆様、本書を最後まで読んでくださった読者の皆様に感謝申し上げます。

尾﨑 彰彦

【著者紹介】
尾﨑彰彦（おざき・あきひこ）

PineScript プログラマ。

中学生のころに遊んだ自動車シミュレーションゲームをきっかけに、自動車工学とコンピュータに興味を持つ。大学・大学院では流体力学と情報処理を学びつつ、株式投資もスタート。

2014年にSIerに就職し、プライベートで金融関連のプログラムを作成。2016年にTradingViewに出合い、PineScriptで自作インジケーターの作成を開始。日本語の情報が皆無に等しかったため、試行錯誤を繰り返しながら技術を習得。その時の経験を基に、PineScriptの情報をブログ「超入門 TradingView PineScript」にて掲載中。

超入門 TradingView PineScript
https://tradingview.blog.fc2.com/

2021年12月3日　初版第1刷発行

現代の錬金術師シリーズ ⑯⑦

PineScriptだからできる自由自在の「高機能」チャート分析
—— 一歩先行く「トレーディングビュー」の活用法

著　者	尾﨑彰彦
発行者	後藤康徳
発行所	パンローリング株式会社
	〒160-0023　東京都新宿区西新宿7-9-18　6階
	TEL 03-5386-7391　FAX 03-5386-7393
	http://www.panrolling.com/
	E-mail　info@panrolling.com
装　丁	パンローリング装丁室
組　版	パンローリング制作室
印刷・製本	株式会社シナノ

ISBN978-4-7759-9182-4

【免責事項】
本書で紹介している方法や技術、指標が利益を生む、あるいは損失につながることはない、と仮定してはなりません。過去の結果は必ずしも将来の結果を示したものではありません。本書の実例は教育的な目的のみで用いられるものであり、売買の注文を勧めるものではありません。

ウィザードブックシリーズ248

システムトレード 検証と実践
自動売買の再現性と許容リスク

ケビン・J・ダービー【著】

定価 本体7,800円+税　ISBN:9784775972199

プロを目指す個人トレーダーの宝物！

本書は、ワールドカップ・チャンピオンシップ・オブ・フューチャーズ・トレーディングで3年にわたって1位と2位に輝いたケビン・ダービーが3桁のリターンをたたき出すトレードシステム開発の秘訣を伝授したものである。データマイニング、モンテカルロシミュレーション、リアルタイムトレードと、トピックは多岐にわたる。詳細な説明と例証によって、彼はアイデアの考案・立証、仕掛けポイントと手仕舞いポイントの設定、システムの検証、これらをライブトレードで実行する方法の全プロセスをステップバイステップで指導してくれる。システムへの資産配分を増やしたり減らしたりする具体的なルールや、システムをあきらめるべきときも分かってくる。

ウィザードブックシリーズ183

システムトレード基本と原則
トレーディングで勝者と敗者を分けるもの

ブレント・ペンフォールド【著】

定価 本体4,800円+税　ISBN:9784775971505

あなたは勝者になるか敗者になるか？

勝者と敗者を分かつトレーディング原則を明確に述べる。トレーディングは異なるマーケット、異なる時間枠、異なるテクニックに基づく異なる銘柄で行われることがある。だが、成功しているすべてのトレーダーをつなぐ共通項がある。トレーディングで成功するための普遍的な原則だ。マーケットや時間枠、テクニックにかかわりなく、一貫して利益を生み出すトレーダーはすべて、それらの原則を固く守っている。彼らは目標に向かうのに役立つ強力な一言アドバイスを気前よく提供することに賛成してくれた。それぞれのアドバイスは普遍的な原則の重要な要素を強調している。

ジョージ・プルート

フューチャーズ・トゥルース CTA の研究部長、『フューチャーズ・トゥルース』編集長。メカニカルシステムの開発、分析、実行およびトレーディング経験25年。1990年、コンピューターサイエンスの理学士の学位を取得、ノースカロライナ大学アッシュビル校卒業。数々の論文を『フューチャーズ』誌や『アクティブトレーダー』誌で発表してきた。『アクティブトレーダー』誌の2003年8月号では表紙を飾った。

ウィザードブックシリーズ 211

トレードシステムは
どう作ればよいのか 1

定価 本体5,800円+税　ISBN:9784775971789

トレーダーは検証の正しい方法を知り、
その省力化をどのようにすればよいのか

売買システム分析で業界随一のフューチャーズ・トゥルース誌の人気コーナーが本になった！　システムトレーダーのお悩み解消します！ 検証の正しい方法と近道を伝授！
われわれトレーダーが検証に向かうとき、何を重視し、何を省略し、何に注意すればいいのか──それらを知ることによって、検証を省力化して競争相手に一歩先んじて、正しい近道を見つけることができる！

ウィザードブックシリーズ 212

トレードシステムは
どう作ればよいのか 2

定価 本体5,800円+税　ISBN:9784775971796

トレーダーが最も知りたい検証のイロハ

ケリーの公式とオプティマルfとの関係、短期バイアスの見つけ方、CCIとほかのオシレーター系インディケーター、エクセルのVBAによるシステムの検証とトレード、タートルシステムの再考、2つの固定比率ポジションサイジング、トレンドは依然としてわれわれの友だちか、フューチャーズ・トゥルースのトップ10常連システム、パラメーターはどう設定すればいいのか、など。

ウィザードブックシリーズ312

システム検証DIYプロジェクト
トレンドフォローシステムを毎日修正・更新する

ジョージ・プルート【著】

定価 本体5,800円+税　ISBN:9784775972816

プログラミング初心者に贈る入門バイブル!

ジョージ・プルートがPythonで書いたTradingSimula18バックテスターを使って、システムを記述、プログラミング、検証する。TradingSimula18はポートフォリオに含まれる各銘柄を毎日ループして、バックテストの最中にアロケーションを変更することができるのが特徴だ。セクター分析や銘柄やセクターのオン・オフなど、多岐にわたるトピックが満載である。30もの銘柄の15年にわたる先物のつなぎ足データもプルートが正しく修正したものが含まれている。また、すべてのアルゴリズムはイージーランゲージでもプログラミングしているので、Pythonが嫌いな人でもまったく心配はいらない。あとは、プルートが手取り足取り伝授してくれる検証DIYワールドへ、そしてあなただけのアルゴリズム開発の世界へ、旅立とう!

ウィザードブックシリーズ250

アルゴリズムトレードの道具箱
VBA、Python、トレードステーション、アミブローカーを使いこなすために

ジョージ・プルート【著】

定価 本体9,800円+税　ISBN:9784775972205

富を自動的に創造する世界に飛び込もう!

本書では、すぐに使える最新のさまざまな検証・トレーディングプラットフォームを紹介している。これらのプラットフォームを理解することで、理論から実践、さらに利益へとつながる知識とツールを手に入れることができる。実例をふんだんに使った説明、今日で最も人気のあるソフトウェアパッケージ、著者のライブラリーからのソースコード——これらのおかげで、あなたのオリジナルのトレードアイデアをプログラミング・評価・実装するのにプログラミング経験は一切必要ない。本書では数多くのトレードシステムを紹介しており、それらの多くはアイデアを「完成した」システムに変換させるものが多いが、自分のトレードシステムを本書で提供するツールを使ってどう構築していくかはあなた次第である。

マーケットのテクニカル分析
トレード手法と売買指標の完全総合ガイド

ジョン・J・マーフィー【著】

定価 本体5,800円+税　ISBN:9784775972267

世界的権威が著したテクニカル分析の決定版!

1980年代後半に世に出された『テクニカル・アナリシス・オブ・ザ・フューチャーズ・マーケット (Technical Analysis of the Futures Markets)』は大反響を呼んだ。そして、先物市場のテクニカル分析の考え方とその応用を記した前著は瞬く間に古典となり、今日ではテクニカル分析の「バイブル」とみなされている。そのベストセラーの古典的名著の内容を全面改定し、増補・更新したのが本書である。本書は各要点を分かりやすくするために400もの生きたチャートを付け、解説をより明快にしている。本書を読むことで、チャートの基本的な初級から上級までの応用から最新のコンピューター技術と分析システムの最前線までを一気に知ることができるだろう。

ルール
トレードや人生や恋愛を成功に導くカギは「トレンドフォロー」

ラリー・ハイト【著】

定価 本体2,800円+税　ISBN:9784775972700

伝説的ウィザード ラリー・ハイトが教える相場版『バビロンの大富豪の教え』

本書は人生の困難から学ぶという勇気づけられる話であり、間違いなく投資において不可欠な洞察と教訓にあふれている。

ラリー・ハイトはミント・インベストメント・マネジメント社の創立者兼社長だった。彼が在職していた13年間に、運用資金の複利でのリターンは手数料込みで年率30%を超えた。彼は「元本確保型」という概念を初めて作り上げた。これによって、このファンドは10億ドル以上を運用した最初の投資会社となった。

ヘッジファンド界のトップに上り詰めたラリー・ハイトの力強い物語から、読者は間違いなく重要な洞察と教訓を得ることができるだろう。

ウィザードブックシリーズ 316

強気でも弱気でも横ばいでも機能する
高リターン・低ドローダウン戦略

ローレンス・ベンスドープ【著】

定価 本体2,800円+税　ISBN:9784775972854

システムトレードを目指す個人トレーダーの福音書！

無相関の複数のシステムを開発し、自分だけに合うように構築する方法を詳しく説明している。過去の値動きから統計的なエッジ（優位性）を見いだし、自動化されたシステムを組み合わせることで、どんな相場つきでも非常に低いドローダウンと2桁の高いリターンを実現するというものだ。彼のアプローチをものにし、理解すれば、初心者のトレーダーでも過剰なリスクをとることなく、高いリターンを上げることができるだろう。

ウィザードブックシリーズ 321

1日わずか30分間の作業ですむ
株式自動売買戦略

ローレンス・ベンスドープ【著】

定価 本体2,800円+税　ISBN:9784775972908

毎日、たった30分の作業で「経済的自由」が手に入る！

投資戦略を自動化すれば、1日わずか30分働くだけで、あなたは経済的自由を手に入れることができるだろう。そう、たった30分働くだけで！

本書では、その効果がバックテストによって証明されたプライスアクションデータ（価格）に基づくあなただけの自動株式トレード戦略を構築する方法を、ステップバイステップで一から解説している。また、戦略をあなたのライフスタイルに合わせるやり方も伝授してくれている。あなたはただコンピューターの指示に従って、トレードを執行するだけでよいのだ。あなたのトレードの邪魔になるテレビや新聞やSNSなどの金融メディアのニュースや耳寄り情報を聞く必要はないのだ。

ウィザードブックシリーズ290

アルゴトレードの入門から実践へ

ケビン・J・ダービー【著】

定価 本体2,800円+税　ISBN:9784775972595

初心者でもわかる「アルゴトレード」の基礎の基礎

第1部では、個人トレーダーのあなたがアルゴトレードに向いているかどうかが分かる。第2部では、すぐに実践だ。41の仕掛けのアイデア、11の手仕舞いのアイデア、それらのTrade Station用のイージーランゲージコードが掲載されている。

ウィザードブックシリーズ244

世界一簡単なアルゴリズムトレードの構築方法

ペリー・J・カウフマン【著】

定価 本体5,800円+税　ISBN:9784775972137

あなたに合った戦略を見つけるために

本書で最も重視するものはシンプルさである。基本的なベストプラクティスから実際のシステム設計に至るまで、簡単なアプローチのほうが人々に好まれ、勝利を収めることが実証されている。

アルゴリズムトレーディング入門
自動売買のための検証・最適化・評価

ロバート・パルド【著】

定価 本体7,800円+税　ISBN:9784775971345

トレーディング戦略を正しく検証・最適化する

これからアルゴリズム戦略、つまりメカニカル戦略を開発しようとしている人は、まさにそのエッジに手を伸ばそうとしている人々だ。そのノウハウを本書で身につけてもらいたい。